U0118172

香港顏色密碼

雷鼎鳴
陳莊勤
邱立本
盧業樑
屈穎妍
楊志剛
阮紀宏
周八駿
劉瀾昌
潘麗瓊
何漢權
陳建強
曹景行
何亮亮
馬恩國
馮煒光
江　迅
黃芷淵
吳志隆
施嘉雯
唐　研
河　言

（排名不分先後）

序

破譯香港顏色密碼

邱立本　《亞洲週刊》總編輯

　　香港本來是一個彩虹城市——五色繽紛、七彩斑斕，展現多元化的特色。冷戰時代，全球被劃分為東西方兩大陣營，各自不相往來。但香港在輿論上還是維持多元化的性格，甚至成為台海兩岸民間的橋樑。報攤上左派與右派的報刊並存，也有第三勢力，或是探討不同的思潮，有時候還打起了筆戰，但都是各說各話，和平共存。

　　但這樣多元化的特色，最近這幾年都被打破，有些人要將政治上的價值分為黃色與藍色。黃營不少都是贊成港獨，他們不僅支持那些黑衣暴徒，砸爛商舖、地鐵站、路軌，還要建立一個「黃色經濟圈」，拒絕中國內地的旅客，不歡迎説普通話的旅客，結果連來自台灣與東南亞説「國語」與「華語」的顧客也被波及，成為國際的醜聞。

　　但這樣的顏色之亂，撕裂了香港社會。香港人對於香港的前途發展，對於中國內地的看法，本來大半個世紀以來，都是眾聲喧嘩，但大家都是「文鬥」。如今有些所謂「勇武派」要搞「武鬥」，將商場、地鐵砸爛，對不同政見的人圍毆（行兇時用雨傘擋住）。這都是對香港形象的侮辱，也讓黃營聲稱要爭取民主自由與人權的訴求，失去了正當性，讓黃色成為黑暴勢力的遮羞布。

同時，反對派陣營也失去了「知華派」的底氣，沒有當年司徒華、張文光等人對中華民族主義的堅持，可以站在道德的制高點上批判中央政府。當年香港的民主中華派，對不少中國知識分子都有吸引力，但如今香港的泛民勢力，都被搞武鬥的勇武派所綁架，並且縱容港獨，或暗中支持，他們背叛了「民主中華」等反對派元老司徒華等人的主張，也肯定失去了中國知識界的支持。

同時，今天反對派縱容港獨暴力，背後就是缺乏「知識真誠」（Intellectual Honesty），他們與港獨的謊言唱和，說香港警察已經殺害了 3000 多人，包括在太子地鐵站殺人，但這都經不起事實的驗證。但在這些謊言的包裝下，他們覺得可以為那些到處投放汽油彈、砸爛商場、地鐵等行為辯護，認為這「絕對站得住腳」，將香港警察妖魔化為「黑警」、「魔警」。但真的假不了，假的真不了。謊言無論如何包裝，還是紙包不住火。

香港人需要的生活，其實就是衝破顏色之亂，回歸常態與多元化的思潮激蕩；可以文鬥，但不要武鬥，大家可以辯論，但不可以排斥不同意見的群體。香港過去幾十年，曾經被視為「全球華人的首都」，匯聚不同背景的華人，超越地域的限制。但如今居然有人要排斥說普通話（國語、華語）的華人，那就是畫地為牢，自我設限的倒行逆施，陷香港於不義。

香港的顏色，永遠是色彩璀璨，而不是單一的色調，更不容許借顏色之名，行違反文明之實。香港必須衝破顏色之亂，回到一個自由與多元化的社會，為中華民族的未來，作出智慧的貢獻。

開篇 特區政府退無可退 中央政府高調出手

阮紀宏　時事評論員

2019 年香港發生的政治風波，持續時間和參與人數的規模都是前所未有的，而且成因複雜，牽涉面廣，其影響也將是無比深遠。對於這麼重大的政治事件，現在下結論為時尚早，有必要從各方面深入查探根源和記錄過程，作為下一步做研究的根據。

窺探事件的全貌，有各種不同的視覺和觀點，這裏嘗試從特區政府、中央政府和美國影響 3 個維度，提供一鱗半爪。

警隊遭遇是特區政府的縮影

執法隊伍是政府與市民經常直接接觸的部門，警隊是執法隊伍的最前線，在整個修例風波中，成為「眾矢之的」，其行動過程與遭遇，也是整個特區政府的縮影。

「光頭神探」劉澤基在執行任務的混亂過程中與隊友失散，被推跌在地上遭拳打腳踢，他和另一名落單的同袍被過百名暴徒包圍，劉澤基果斷舉起手中的霰彈槍自保，眼看四面八方的暴徒邊扔雜物邊向他們衝過來，且戰且退的劉澤基最終都沒有開槍。記錄劉澤基脫險過程的視頻在網上廣為流傳，因為他孤軍作戰卻十分英勇又能保持克制，反被暴徒污衊為「黑警」，網民積極分享這段視頻，表達對警隊的支持。

10月2日，一場反修例大規模暴力抗議後，香港警察隊員佐級協會主席林志偉公開表示，警隊一直孤身作戰，政府未有提出或公布確實的針對措施。

控制大規模人群聚集甚至暴力對抗場面，雖然警隊受過專業訓練並有精良裝備，但在全港暴力場面遍地開花的幾個星期，警隊疲於奔命，卻還要做一些本來可以由其他紀律部隊或政府部門負責的工作，比如暴徒放火燃燒雜物造成大火，暴徒在馬路上放置大量的障礙物，以及拘捕了大量的暴徒，本來可以由受過足夠訓練的懲教署、海關或者入境處同事分擔押解的工作，來自不同政府部門協助的安排到後期才能協調過來，但成效也不十分明顯。

警隊需要的支援不但是物質的，還要精神的。特首林鄭月娥沒有在第一時間給警隊打氣，接連有警察在執勤時受傷，特首也是在7月15日才第一次到醫院探望。警隊不但沒有得到上級的鼓舞，反而是受到打擊。政務司長張建宗在7月26日記者會上，被問及是否願意就警隊處理元朗襲擊案的手法道歉，張建宗表示，「絕對願意就處理手法向市民道歉」。

警隊兩個協會對張建宗代警隊道歉的做法甚為不滿，督察協會主席伍偉基連夜發表公開信，要求張建宗還警隊公道；員佐級協會的公開信更向張建宗叫板，「如果張司長未能帶領香港走出這困局，是否要向警隊公開道歉？」並且不點名要求張建宗下台，「敬請在位人士認真考慮是否有能力帶領公務員，若能力不足，退位讓賢對公務員及香港市民均是好事」。

警隊前線員工公開表達對政府高層的不滿，極其罕見，而警隊前線人員公開質疑上級指揮方針，更是史上首次。8月26日，警察員佐級協會發表聲明表示，暴徒使用致命武器攻擊警隊，而警隊則用較低的武力應對，促警隊管理層立即重新檢視現時「以驅散為主」的行動策略及武力使用方案。

警隊一哥換人　面貌煥然一新

警隊跟政府高層的矛盾白熱化與公開化，以及警隊內部上下不齊心的情況，終於在警務處長換人後得到改善。

2019年6月12日，立法會恢復修例二讀審議，抗議者事先張揚要組織對抗，雖然立法會主席梁君彥當天早上宣布取消會議，但圍堵立法會的抗議者仍然有數萬人，金鐘一帶黑壓壓的佈滿黑衣人，在場的警察被迫退守至立法會大樓門外，在被圍困中向外施放大量的催淚彈，而戴了防煙面具、手持汽油彈和鐵通，隨手撿起路邊鐵馬的暴徒，喊着口號向警隊推進。

2020年5月27日，立法會恢復《國歌法》二讀審議，事前網上已經大張旗鼓呼籲展開抗議行動，並公布聚集的具體時間和地點，警方據此提前精密佈防，阻擊了大規模的集結與破壞，結果只發生零星的暴徒破壞行徑，警察則拘捕了360名涉嫌違法分子。

同樣是香港警隊，面對幾乎是同樣的場景，攻守角色翻轉，結果天壤之別。時隔一年的警隊，從應對措施部署與執行過程的角度看，新舊警務處長交班似乎起到決定性作用。11月18日，盧偉聰卸任，

翌日鄧炳強上任，警隊的面貌煥然一新。但究竟這是因為特首林鄭月娥或者保安局長李家超，對於兩位處長的指示有所不同，還是兩位上司毫無指示，警隊一哥個人因素起到至關重要的作用，需要觀察和研判。

警隊處理和平示威遊行或者暴力對抗的能力與專業手法，一直得到居民的稱讚，並且贏得國際聲譽，但短短幾個月之內，在香港相當多的市民口號聲中，卻銳變成「黑警」。警隊在執法過程中有沒有使用過分武力，必須從當時面對的情況深入比較作出專業分析，不能單從新聞報道來定論。從報章訪問曾參與暴力對抗的示威者口中，他們表示對警隊的態度實質上是市民將對政府的不滿投射在警隊身上，警隊的武器代表公權力，警隊對付示威者的措施代表政府處置問題的手法，暴力對抗發展到後期，反對派高喊的口號變成：解散警隊，實際上就是要求解散特區政府。究竟解散政府這個「訴求」是反對派處心積慮的預設目標，還是在情況不斷演進下，反對派「順水推舟」的一個口號而已？

特區政府對於修例的立場，初而立場堅定，後來一退再退。從2019 年 2 月 13 日宣布提出修訂《逃犯條例》，到 4 月 3 日在立法會首讀正式進入立法程序，坊間與外國政府發表不同意見，特區政府曾經就某些意見解釋，及後也曾順應商界提出的建議，同意修改某些條款。直到 6 月 12 日，即使發生了大規模示威遊行，特首林鄭月娥還是立即宣布，意志不動搖，不會撤回修例。然而，僅僅 3 天以後就調轉槍頭，而後更節節敗退，6 月 15 日宣布暫緩修例，7 月 19 日宣布「壽終正寢」，之後反覆表示不會重新啟動立法程序，但在反對派一再發起進攻的情況下，宣布正式撤回修例動議，到 9 月 4 日在立

法會正式撤回。

特區政府領導層表現差劣

特區政府在提出修例到撤回修例，當中政府作為一個整體，以及個別官員的表現，值得作為觀察對象，因為他們在處理修例問題的表現，某種程度上影響到中央與特區政府之間關係的變化。

跟修例有直接關係的兩個部門，律政部門負責起草，保安局負責執行，但從提出到撤回修例，律政司長鄭若驊就此公開「出現」次數，屈指可數，被稱「神隱」司長。

修例的最後負責人當然是特首林鄭月娥，在強硬與退讓之間進退失據，導致修例無疾而終。而政府威信變得似有若無還不在於修例是否成功，而是旺角、金鐘街頭變成戰場，警察總部被包圍 16 小時，發生這樣香港有史以來前所未有的情況之後的第二天，林鄭月娥竟然還沒有公開露面，也沒有發表任何聲明，這就不是政府威信高低問題，而是是否還存在的問題。

林鄭月娥對此的應對是，召開司局長閉門集思會，但會議後既不對公眾作出承諾，也不表示追究責任，這麼重大的事情也可以「不了了之」，好像在告訴暴徒：政府沒招了，你們繼續吧！這時候批評特區政府的，就不單單是反對派了，連建制派也加入了譴責政府的行列。特區政府遭遇前所未有的內外交困，但如果事情影響不超越深圳河，可能還可以用「事緩則圓」的拖延戰術應對，可是，暴亂的指揮者卻在不停測試底線在哪裏？

2019 年 7 月 21 日，暴徒包圍中聯辦，塗污國徽、砸招牌，為所欲為幾個小時。反映特區政府在保護中央駐港機構的問題上，既無情報、也無預案，事情發生後也毫無追究。這就引伸一個問題，一國兩制的底線遭到觸碰，誰來守護這條防線？如果特區政府無力勝任，中央政府該如何處置？

中央政府被迫「出手」

中央政府對香港發生的事情，並非坐視不理，分別從文和武兩方面做出較大的動作。7 月 29 日國務院港澳辦首次就修例引發的問題舉行新聞發布會，由兩名發言人對香港事態發表評論，並回答記者提問，及後又再舉行過兩次。提出止暴制亂是香港必須完成的任務。

8 月 6 日，一萬多名武警部隊在深圳舉行演練，並對外公布，如果這樣做信息還不夠明確的話，8 月 29 日公安、武警在深圳聯合防暴演習，出動水炮車驅趕「示威者」，又舉起用繁體字寫成的警告標語，並以廣東話發布警告，針對香港「暴亂」的意味昭然若揭。

除了單方面宣示立場的動作，還有直接跟香港市民的互動。8 月 7 日，國務院港澳辦和香港中聯辦在深圳舉行聯合座談會，邀請香港各界代表 500 多人參加。時任港澳辦主任張曉明把話挑明，香港局勢進一步惡化，特區政府不能控制局面，中央不會坐視不管，而且有足夠強大的力量可以迅速平息可能出現的各種動亂。時任中聯辦主任王志民則提出警告，香港發生的事情關乎香港前途命運的生死戰、保衛戰，已經到了退無可退的地步。

王志民還對香港各界提出四點希望，總的意思是希望香港內部能做到止暴制亂，盡量不要把事情搞到中央不得不出手的地步。

　　時隔十個月，香港的暴亂還沒有完全消停，而且還有另一波山雨欲來之勢，但起碼有一樣是肯定的，就是「中央出手」了。

　　目前看到中央出手的有三招，一是調整機構及人事。中聯辦主任王志民就任兩年零三個月後，被調到中央黨史和文獻研究院任副院長，接任的是駱惠寧，他因已屆退休年齡，卸任山西省一把手，按慣例到全國人大常委會下屬的一個委員會當副主任，被派到香港中聯辦主政，讓人覺得，中央處理香港問題的態度，開始打破陳規。另一個並不尋常的調動是，港澳辦主任張曉明改任副主任，而主任一職，則由夏寶龍接任，他是從浙江省一把手卸任到全國政協任秘書長，臨危授命到港澳辦。由於他是政協副主席，屬於國家級領導人，所以港澳辦是升格了，同時香港中聯辦和澳門中聯辦的主任都兼任港澳辦副主任，港澳辦等於有了 4 個正部級官員，人強馬壯一時無兩。

　　人事調動是解決問題的第一步，儘管林鄭月娥在處理香港暴亂問題上備受爭議，但在港澳辦和中聯辦官員的公開表態中發現，他們一再力挺林鄭月娥，林鄭月娥猶如獲得「免死金牌」。

　　林鄭月娥獲得如此殊榮，是一個十分吊詭的事情。新冠肺炎疫情在湖北肆虐，湖北省官員處理失當，省委書記蔣超良、武漢市委書記馬國強被就地免職，林鄭月娥在處理政治危機中連番出錯卻可以保住官位，是因為暴徒提出的五大訴求，其中一個就是林鄭下台，如果中央真的要林鄭下台以謝天下，其他 4 個訴求還不是變得具有同樣的

合理性？否定林鄭下台就是否定暴徒提出的任何訴求，所以中央官員要求香港各界堅定不移的「挺特首、挺政府，維護特區政府的管治權威」，這是一脈相承的。

「大台」最終目的改朝換代

暴徒的指揮者也能夠看穿中央的意圖，所以後來就絕口不提林鄭下台，五大訴求中的其中一條，改變為要求全面直選。整場政治風波其中一個重要的爭論點是究竟這場「大騷」有沒有「大台」，即背後有沒有統一的指揮。當示威者在不同時期所高喊的五大訴求，其中一個悄然發生變化，其間沒有經過廣泛討論而能夠迅速執行，是否有大台不是不言而喻嗎？從要求林鄭下台改變為全面普選，其最終目的顯然易見，就是要通過選舉「改朝換代」，這個目標已經走出了第一步，去年 11 月 24 日舉行的區議會選舉，總議席 452 個，泛民勢力獲得 388 個，是歷來選舉取得壓倒性勝利比例最大的一次。

香港的選舉制度環環相扣，區議會的議席多寡，會直接及間接影響立法會議席的勢力分佈，更會影響產生特首的選舉委員會勢力平衡。泛民勢力已經宣布要爭取在 9 月份的立法會選舉取得超過半數議席，如果這個態勢維持下去，特首選舉委員會的 1,200 名成員，他們也有可能取得關鍵的議席，屆時誰是特首「造王者」？

建制派與反對派在選舉中爭持激烈是常態，風風雨雨幾十年也就這樣過來了，但這次政治風波所暴露的大台問題，看來並非延續一直以來泛民與建制之爭，而是更大的台，這個大台從呼之欲出到不打自招的背景，則是中美兩國的角力。

美國公開承認幕後黑手

　　一個國家的元首，很少會對另一個國家的一個城市的事情發表評論，而當時中美貿易談判正在進行中，美國總統特朗普去年 6 月對香港發生大規模示威表示，「希望中國和香港找出解決方法」。一個國家負責任的總統，很少會對傳聞發表意見，8 月 2 日，特朗普回應解放軍介入香港的傳聞，他說：「那是香港和中國之間的事，因為香港是中國的一部分，雙方要自行解決，他們不需要外人的建議。」雖然表面上特朗普表達了不想介入中國中央政府與香港之間的事情，但他在根本不應該表態的情況下表態，實質上是介入了香港的事務。

　　在中美貿易談判進入一個尷尬時刻，究竟談判是否會繼續，雙方有不同的說法，8 月 31 日，特朗普乾脆把遮醜布掀開，直截了當地說：「我認為如果無貿易談判，香港就會有更大麻煩、會更暴力。中國想達成協議（貿易協議），知道我們將他們放在很差的位置，如果不以人道方式處理，我會讓他們知道以人道方式處理，但我相信因為現在貿易談判所作的事，令香港局勢沒有升溫。」他明確地把美國對待香港問題的態度跟中美談判掛鈎，並且作為交換條件。

　　美國能夠在中美貿易談判中開出這樣的價碼，就是公開承認美國對香港局勢的發展方向與步驟有控制能力，甚至可以操生殺大權，這不就是將自己是大台的身分公開了嗎？

　　中美兩國的明爭暗鬥由來已久，香港作為世界諜報中心，卻門戶大開日夜不設防，早已成為美國對中國施放明槍暗箭的橋頭堡，但雙方一直都沒有撕破臉皮，這次美國揭開面罩，就有背水一戰的意味，

而挑選香港作為打響第一槍的戰場，這就不難解釋為什麼中央在對香港出手與否之間，選擇了高調出手這一招，既然大家都打開天窗說亮話，美國國會通過《香港人權與民主法案》的那一天，相信就是中央開始密鑼緊鼓開始草擬「港版國安法」的同一天。

中美鬥法將會持續下去，用不用香港這顆棋子，也由不得香港。香港一直以來都有人在政治取態上親美，今後也不會改變，這次政治風波之後，中美在香港問題上都已經「擺明車馬」，有人選擇繼續親美，如果只是停留在政治觀點的取態，無可厚非，但如果被證明是行動上直接聽命於美國情報部門，國安法通過後肯定會因此而惹上官非，這些都是清楚明白的，最大問題可能就是那些年幼無知的稚子，盲目跟風甚至甘當勇武，最後身陷囹圄還是不知就裏。

目錄

序　　破譯香港顏色密碼　　　　　　　　　　　　　邱立本　ii

開篇　特區政府退無可退　中央政府高調出手　　　阮紀宏　iv

第一章
風從何處起

從顏色革命到文明衝突　　　　　　　　　　　　　盧業樑　3

沒有研判、不敢定性，如何應對？　　　　　　　　陳莊勤　15

完整實施《基本法》香港才有未來　　　　　　　　曹景行　25

香港黑色暴亂的基礎性原因及港府責任　　　　　　劉瀾昌　35

回歸後最大的政治災難是如何引爆的？　　　　　　吳志隆　45
　　　——探討「政治傳播」的無用之用

第二章
暴亂進行時

「新女媧補天」為何失敗？　　　　　　　　　　　周八駿　63

香港警察：夜空中最亮的星　　　　　　　　　　　江迅　69

電光火石的一分鐘　　　　　　　　　　　　　　　施嘉雯　95

三萬警嫂：一家屈辱兩肩挑　　　　　　　　　　　潘麗瓊　103
　　　手無寸鐵、投訴無門、欲救無從

第三章
人心之回歸

這種新型病毒叫謠言 　　　　　　　屈穎妍　125

千名少年的血淚控訴 　　　　　　　　河　言　133

國民教育的源頭活水在哪裏？ 　　　　何漢權　139

異乎哉，「失去了一代青年」論 　　　　何亮亮　145

全民記者時代下，「真相」已死？ 　　黃芷淵　151

第四章
暴亂後重建

香港經濟復蘇困難重重 　　　　　　　雷鼎鳴　161

港人心繫何方？ 　　　　　　　　　　楊志剛　169

大亂到大治：香港發展模式的再思考 　陳建強　173

香港急需一劑新「藥」 　　　　　　　馬恩國　181

對香港社會與青年的思索 　　　　　　唐　研　189

處理香港問題的工具與手段 　　　　　馮煒光　193

反修例風波時序表 　　　　　　　　　　　　199
反修例風波統計圖表 　　　　　　　　　　　225

第一章

風從何處起

從顏色革命到文明衝突

盧業樑　高柏資本控股集團主席

2019，值年「無妄卦」，上乾下震，有無妄之災，「天道有則，人心莫測，天道昭昭，人心昏昏」。朱熹（《朱子語類》）指：「無妄一卦雖云禍福之來也無常，然自家所守者，不可不利於正。」至於「正」的概念，莫過於遵循「禮」教。孔子曰：「非禮勿視，非禮勿聽，非禮勿言，非禮勿動。」實與無妄卦旨相通。無妄之災，得「正禮教」來解。反看香港，搗亂的不速之客是誰？社會為何陷入正念缺席、禮教喪失的黑洞？一切宛如一場無妄之災，降臨香港這座美麗的城市。

在香港街頭揮舞着美國旗的年輕人或許不知道，中美貿易的戰火正在香港燃燒，這是一場具備現代戰爭特點的無邊界「超限戰」。超限戰意指「超越軍事領域的戰爭」，只要雙方處於較量的狀態，其戰法可以覆蓋外交、網絡、情報、心理、金融、貿易、媒體和意識形態各個領域。如果我們還認為香港這場持續半年以上的運動，只是香港普通民眾、年輕人自行發起的群眾運動，就太過天真了。

一、美策動顏色革命已是公開的秘密

艾倫・希拉瓦斯特瓦（Arun Shivrastva）等所著的《NGO 與顏色革命》一書披露，美國國際共和研究所（International Republican Institute）、美國國際民主研究院（NDI）、自由之家（Freedom House）等非政府組織，均直接參與席捲中東及北非的「阿拉伯之春」，烏克蘭的暴力抗議亦是以美國為首的西方勢力資助的慈善機構在背後促成。20 世紀末期開始，一系列發生在中亞、東歐獨聯體

國家的以顏色或花朵命名、以和平非暴力方式推進的政權變更運動，把「顏色革命」帶入公眾視野。參與者擁護西方民主，表面上是轟轟烈烈的群眾運動，實際上是以美國為首的西方勢力，通過非政府組織（NGO）無處不在的滲透鼓動，謀取國家利益，宣揚西方「正確的價值觀」。

書中指出，「阿拉伯之春」的背後是美國國務院的專案計劃，其中包括培訓中東激進主義分子，以 NGO 的方式出現，目的在於推翻現有政權。然而，「阿拉伯之春」並沒有給阿拉伯帶來民主與和平，反而引發災難性後果：敘利亞陷入無休止的多方混戰；埃及民選總統穆罕默德·穆爾西（Mohamed Morsi）被軍方發動政變推翻；也門哈迪政府被胡塞武裝和支持薩利赫的部隊聯手推翻，科威特、埃及等國出兵干涉；利比亞在卡達菲被推翻後宗教勢力和親西方勢力互相火拚，內戰再起；激進聖戰組織伊斯蘭國興起，四處攻城掠地，並將勢力發展到阿富汗、伊拉克、利比亞、敘利亞等國，百姓無家可歸、生靈塗炭，淪為難民。2016 年 11 月，聯合國西亞經濟社會委員會發表報告指，「阿拉伯之春」自 2011 年已為相關地區造成高達 6,140 億美元的經濟損失。

前解放軍空軍大校、北京航空航天大學戰略問題研究中心主任王湘穗教授的研究表明，香港的街頭運動和烏克蘭與埃及的顛覆運動一脈相承，「宣傳資料和烏克蘭、埃及的一樣，這與背後的組織集訓有關，一套教材教了 3 個地方」。

美國國防部中國事務顧問白邦瑞（Michael Pillsbury）在 2014年接受福克斯新聞採訪中也公開承認，美國政府向港獨分子「提

供了數以百萬計美元的資金」（We also have funded millions of dollars of programs through the National Endowment for democracy (NED) to help democracy in Hong Kong.）2018 年，「佔中」幕後策劃者之一鄭宇碩的前助理張達明出版《何為證據：揭露香港亂象的幕後黑手》，在這本書中他以親歷者身分，揭露其上司鄭宇碩牽頭的真普選聯盟和「佔中」運動「勾結外國勢力禍港」的幕後證據，以詳實圖文證明了「佔中」運動接受美國國家民主基金 （NED）指揮、策動、資助的事實。

今天的「反修例」事件，無論是宣傳的口號標語、人員的培訓組織、網絡的互動聯繫、輿論的煽動、個別事件的誇大炒作，其做法與國際上顏色革命的做法如出一轍，程序一樣、手法一樣，連劇本都是公式化的。「美國國家民主基金會」（The National Endowment for Democracy, NED）、「美國國際事務民主協會」（National Democratic Institute for International Affairs, NDI）、「美國國際共和研究所」（International Republican Institute, IRI）、「人權觀察」（HRW）、「自由之家」（Freedom House）等美國NGO 的身影無處不在，教科書式的顏色革命套路，已成公開的秘密，在香港實踐和蔓延。

二、反華遏華已是美國基本國策

修昔底德陷阱（Thucydides's Trap）是古希臘史學家修昔底德（Thucydides）在闡述公元前 5 世紀雅典和斯巴達兩國發生的戰爭時提出來的：「使得戰爭無可避免的原因是雅典日益壯大的力量，還有這種力量在斯巴達造成的恐懼。」哈佛大學肯尼迪政府學院創院院長

格雷厄姆‧阿利森（Graham T. Allison）在其著作《注定一戰》中則提出「美國和中國能否擺脫修昔底德陷阱」之問。他滿懷無奈地指出「中美之間必有一戰」。

於是，美國面對崛起的中國，一邊在香港本土發動小範圍顏色革命，在中國的國際金融中心導演黑衣暴力的戲碼，一邊撕破自由貿易的規則，加徵關稅發起貿易戰。黑暴舞台的背後，是「稱霸世界的美國夢」與「中華民族偉大復興的中國夢」的戰略碰撞。正如美國國務院政策規劃室主任、助理國務卿等級的奇諾‧斯金納（Kiron Skinner）把中美關係定性為「全然不同文明和不同意識形態的對抗」，她甚至說，中國是美國首次遇上的「非高加索的野獸的入侵」。

就在 2019 年 12 月 11 日，美國眾議院通過 2020 財政年度的國防預算達 7,380 億美元，為二戰以來第三高（第一及第二發生於布殊任內，當時在伊拉克及阿富汗戰場有駐軍 20 多萬），其中明白指出「支持香港人的抗爭及自治」（Support for the people of HK and their autonomy from China）。作為一個在全球有 200 多個軍事基地的美國，在和平時期不斷大幅增加軍費，對付中國崛起、企圖雄霸世界，竟是兩黨共識（支持這項預算的眾議院議員 377，反對只有 47）。

自 1949 年新中國成立，美國政府沒有停止過對中國的顛覆活動。自前蘇聯 1991 年解體後，中國就已經成為美國的「下一個目標」。

台灣清華大學王梅香女士在 2015 年發表一篇 300 頁博士論文《隱蔽權力：美援文藝體制下的台港文學》，以豐碩資料證明美國在上世紀五六十年代已在港針對文化界展開「滲透」工作。論文揭露，為了

通過「文宣」推廣美國的政策，美國於 50 年代初期已在港設有「美國新聞處」，「接受美國領事館（使館）的指示」，負起「通過文化活動、宣傳活動支持美國政府的各項外交活動」的重任。當時在港的張愛玲，就曾接受「美新處」提供的超高稿酬，翻譯「美國文學名著」，出價至少達 400 美元，在當時約 2,400 港元，而當時教師平均月薪才約 300 港元。

自五六十年代至今，美國在香港的長期文化滲透與美國當前的香港政策一脈相承，其目的，就是將香港打造成展示西方價值觀的「櫥窗」。而長期的滲透活動，對香港民眾心理帶來不容忽視的負面影響。它不僅使部分港人對中國政府懷有偏見，還使受美國意識形態影響的部分香港知識分子和香港青年人的價值觀呈現西化趨勢。

香港問題從來不是香港本土問題，從無處不在的 NGO 組織，到無孔不入的文宣滲透，再到全方位的「超限戰」，美國在香港發動的顏色革命只是對華組合拳中的一拳，而對立的本質，則是中西方文明的衝突。

三、史實見中美文明差異

中美兩國開疆擴土的歷史有天壤之別。美國 1776 年立國，至今 243 年。如果 100 年算一步，中國從黃帝起計 4,700 多年，中國走了 47 步，美國 2.5 步都不到。

中國的地理區域起始於以洛陽盆地為中心的中原地區，人民重土安遷，愛好和平。遠古時代，堯、舜以禪讓方式完成政權過渡，奠定了中國文化的政治理想。周公以禮樂治國，確立了華夏文明崇

德治、重教化的特質。儘管在發展進程中，華夏民族不斷受到「東夷」、「西戎」、「南蠻」、「北狄」等異族入侵，卻依然信奉「四海之內皆兄弟」，嚮往天下大同。所謂「夷狄入中國則中國之」，只要對方願意接受和融入我們的文化，就是一家人。萬里長城的修建，只是防禦，而不是侵略。在漫長的歷史進程中，我們一方面不斷抵禦外族入侵，另一方面則更多採取通商、通婚及文化交流的方式與異族接觸、融合，由此才形成了今天這個擁有 56 個民族的國家。中華民族不是以血緣界定，而是以文化共識為基礎的民族概念。

反觀美國，美國原生的土著居民是印第安人，在當地生活了上萬年，是美國名副其實的主人。1620 年，「五月花號」載着愛爾蘭清教徒在波士頓登陸，歐洲移民不斷向美遷徙，方構成美國建國前的主要人口。243 年的建國史，只有 16 年不在打仗。從獨立時期的獨立戰爭到西進運動，屠殺印第安人獲得廣闊土地，到因販賣黑奴而起的南北戰爭，此後的第一次世界大戰、第二次世界大戰，戰後的半島戰爭、越南戰爭、巴拿馬戰爭、格林納達戰爭、古巴戰爭、伊拉克戰爭、海灣戰爭、阿富汗戰爭、敘利亞戰爭、利比亞戰爭……通過不斷的向外掠奪，美國從一個偏居一隅的東海岸小國，到現在橫跨太平洋、大西洋、北冰洋，國土面積擴展了十幾倍，增長到 930 多萬平方公里，還有眾多的海外領地。

持續 300 年，美國人對美洲原住民印第安人趕盡殺絕，2,600 萬印第安人遭到屠殺，還冠之以「西部大開發」的美名。今天，美國持續延長美墨邊境高牆、逮捕超過 100 萬墨西哥非法移民。頗為諷刺的事實是，在 1847 年美墨戰爭以前，現今的美國西南部各州都是墨西哥的土地，而今天的美國西南各州所遺留下來的墨裔美國人，

只是美墨戰爭後美國從墨西哥手中取得土地的在地居民。

1860 年代，美國開展中央太平洋鐵路西段修築工程，到中國大舉招募華工，到 1880 年，美國華人飆升到 10 萬人。在中國勞工背井離鄉、漂洋過海為美國基礎建設出賣苦力時，美國於 1882 年通過《排華法案》（The Chinese Exclusion Act），對中國人嚴加排斥與歧視。1903 年，中國駐美外交官譚錦鏞在舊金山遭毒打，美國人揚言「凡是中國人都得捱打」，他因不堪忍受美國警察的毆辱，自殺身亡。這充滿種族歧視的法案實行了 60 年，直到 1943 年才廢止。

反觀近代中國，從鴉片戰爭到火燒圓明園、甲午戰爭、八國聯軍侵華、辛亥革命，再到軍閥割據、九一八事變、十五年抗戰、國共內戰、文化大革命，一路走來，中國人太累、太辛苦了。1940 年，錢穆在《國史大綱》一書中已經寫道：「不知今日中國所患，不在於變動之不劇，而在於暫安之難獲。必使國家有暫安之局而後社會始可有更生之變。」只要給中國暫時的安定，社會就一定能有更生之變。

1978 年改革開放之後穩定發展的 40 年印證了這一點。前文提到的哈佛大學肯尼迪政府學院創院院長格雷厄姆‧阿利森（Graham T. Allison）在《注定一戰》序言中寫道：「在 1980 年，這個國家才剛開始向西方開放，那些去過那裏的人發現，這個國家似乎是從遙遠的歷史中走出來的：幅員遼闊，鄉村遍佈，變幻莫測，難以捉摸，沉睡未醒。遊客們在中國看到了那些破敗的竹屋和蘇聯風格的公寓樓，城市街道上擠滿了成群的自行車，騎自行車的人們穿着幾乎相同的、單調的中山裝。冒險從香港過河的遊客看到廣州和深圳的空

地上點綴着一些小村莊。無論走到中國的哪裏，美國遊客都面臨着極度的物資匱乏：中國 10 億公民中 88% 的人每天的生活費不到 2 美元，這與他們在工業革命前的幾千年中所經歷的一樣。」

40 年後的今天，「曾經空蕩蕩的北京街道現在擠滿了 600 萬輛汽車」。「到 2005 年，這個國家每兩周就可以建造出一個與今天的羅馬面積相當的城市。在 2011 年至 2013 年間，中國生產和使用的水泥都超過了美國在整個 20 世紀的產量和使用量。2011 年，一家中國公司只用了 15 天就建成了一座 30 層的摩天大樓。3 年後，另一家建築公司在 19 天內建造了一座 57 層的摩天大樓。事實上，中國僅用了 15 年就建成了相當於整個歐洲住房存量的房屋。」澳大利亞前總理陸克文（Kevin Rudd）將中國的爆炸式發展形容為「英國工業革命和全球信息革命同時在中國如火如荼地進行，並將 300 年的時間壓縮為 30 年。」

40 年的高速發展，中國人脫離貧窮線的人口已有 7 億多，中國文盲率在民國初年是 90%，如今是 4%。人類社會從來沒有一個國家和政府，可以養活這麼多人：今天英國只有 6,400 萬人口，法國 6,600 多萬，德國 8,000 多萬，而中華民族是 14 億人口。「暫安之難得」，這 40 年，中國只是走回歷史的正軌。

鴉片戰爭以來，中國的民脂民膏滋養了列強的富國強兵，讓類似美國這樣的西方諸國好整以暇，邁向「文明」、發展「民主」、講求「人權」。中國則經歷被侵略、內戰與種種錯誤，至今才站穩腳步。中國的崛起完全來自人民的胼手胝足，既不折騰他國，也不冒犯鄰居，從不靠侵略和殖民，靠的是我們人民的聰明勤奮。

四、物競天擇 vs. 禮德治國

執筆之時，美國總統特朗普下令殺死了蘇萊馬尼（Qassem Soleimani）。這個特朗普口中的「世界頭號恐怖分子」（the world's top terrorist），是伊朗伊斯蘭革命衛隊高級指揮官兼少將，在伊朗無論支持政府還是反對政府的人士中均享有極高聲望。為什麼會發生這樣的事？最本質的因素，是美國在向全球推行自由、民主、人權這些普世價值時，不自覺地摻進了自我中心的成見，名為推廣真理，實則在強迫推銷美國經驗，於是各國家、民族自己獨特的歷史、文化、生活方式、價值體系逐漸被排斥、壓縮、萎謝甚至消失。

美國主導世界，超過半個世紀，一直扮演「正義」角色，到處設立基地，控制海航要衝，對異己者發動戰爭，顛覆不同政見者的政權。美國在這種事情上樂此不疲，不惜出錢出力，原因不外有二。

其一，二次世界大戰後，美國強力推動美元成為「國際貨幣」，構成美元主導世界的客觀環境，造就獨擁世人所無的印鈔機，成功地令其他國家變成美國的打工者，撿起那些被美國丟棄的中低端製造業。而美國，即使債台高築（如今美國負債近 23 萬億美元），也無關宏旨。

其二，美國國防部與華爾街還結成「軍事工業綜合體」（Military-Industrial Complex）。這一名詞是美國總統艾森豪威爾在 1961 年總統告別演說中首創，告誡美国民眾警惕它的危害。然而，「軍事工業綜合體」沒有因為總統的警告而停息腳步，在 90

年代中後期，全美軍事工業進行了一次以提高生產力為目標的大合併，成為如今美國的「軍工五大」（Lockheed Martin, Northrop Grumman, Boeing, Raytheon, General Dynamics），它們不僅壟斷了五角大樓的訂單，利用公帑進行可以產生盈利的武器裝備研發，亦是「自由世界」的主要軍火供應商。對這五大巨無霸企業而言，世界愈亂愈好，四處烽火連天最妙。考慮五角大樓與軍工企業政經利益交纏的關係，世無寧日完全符合美國利益。

西方文化之根在理性思維，是外向型的，只及於事而不達於心；發生問題只在操作上、法理上解決，而不是深入到人心上來。「物競天擇，適者生存」、「優勝劣汰」等思維觀念，為一直延續到當下的「種族優越論」、「白人至上主義」提供了內在的精神支撐。西方帶領下的現代文明，人已變成工具，變成新野蠻人，但卻比過去的野蠻人厲害，因為掌握知識、掌握科技，扭曲為「自以為理性，但偏偏不像人」的文化。

中國文化講「民本、天命與天人合一」，天命即民心，是以民為本、敬德保民。誠意、正心、正己、正念，格物致知，而非向外求知，是吾心通向外物時如何得其正、得其真、得其道。講到底是修養問題，而不是知識問題。中國人不是不關心知識，而是更重視求知時的態度。意誠，才不會以私意宰割萬物；心正，才不會被慾望牽扯。用人性出發，德以治之，正心誠意，才能達至儒家思想所建設的「富而好禮」的社會。

中華民族以農業立國，以禮、以德治國，自古推崇「協和萬邦」、「四海之內皆兄弟」的和平思想，不崇尚武力。幾千年來，

我們一路受到外敵入侵，因着「人不犯我，我不犯人」予以還擊，築萬里長城以禦外族。經歷過幾千年的戰爭，我們更知曉和平的難能可貴，既沒有壓迫其他民族的野心，也沒有自認為是天下第一的狂心，希望世界可以「和平共存」。「修昔底德陷阱」（Thucydides's trap）——強國只能追求霸權的主張不適用於中國，中國沒有實施這種行動的基因。相反，從古至今，中國拚搏奮進的動力來自代代傳承於士大夫對國家的責任：顧炎武的「天下興亡，匹夫有責」；林則徐的「苟利國家生死以，豈因禍福避趨之」；譚嗣同的「我自橫刀向天笑，去留肝膽兩崑崙」，都是士大夫內心「修身、齊家、治國、平天下」的歷史擔當。

中國和美國的局勢，此盛彼衰，一邊是「美國價值」在事實面前分崩離析，一邊是中華文化支撐着中華民族迎來從站起來、富起來到強起來的歷史性飛躍。這正是文化的較量。

百年國運，百年國史，也就是百年文化。中國文化與中國民族共患難，一切思考必須回歸民族生命之弘揚，這並非狹隘的民族主義，而是充實民族之內涵，以贏得世界知道，亦使民族精神面貌再現仁義禮智信。中國文化之特殊智慧，正足西方人所學習。中華文明經歷了那麼多的苦難，正如當年經歷秦火，儒學與國學的潛德幽光，到了再為人認識和發揮功用的時候了。

2020 年，值年「明夷卦」，上坤下離，完全不同於 2019 年。明夷，明入地中，太陽下山，箕子裝瘋扮傻，紂王貶箕子為奴，直到周武王才釋出，在逆境中用「非常手段」才能求全，這卦是「用晦而明」，表面是晦，實則是明。《焦氏易林》註此卦：「他山之錯，

與璆為仇，來攻吾城，傷我肌膚，邦家騷憂」，雖吾城遭攻，雖傷肌騷憂，最終上下一心，逃過大劫。《楞嚴經》「千年暗室，一燈能破」，當如卦象所述，黑暗時代，明心見性，亮起心中智慧燈，有能者協助與民除患，尋常者至少可不助長邪惡，終必順勢順理渡過艱困，迎來光明。

沒有研判、不敢定性，如何應對？

陳莊勤　資深律師、前香港民主黨創黨成員

在香港，反對修訂《逃犯條例》一事從 2019 年 6 月開始引發暴亂，到 10 月底暴徒佔據位於沙田的中文大學校園與警察對抗，把大學校園變成了汽油彈製造廠；然後在警方包圍下，遺下 3,900 顆汽油彈逃走，轉往佔據位於紅磡海底隧道旁的理工大學，繼續與警方對峙。

在理工大學，以大學生及中學生為主的暴徒被警方重重包圍，與警方對抗 21 天後或被抓捕，或試圖逃走被捕，或最後在社會人士勸說下向警方投降、登記身分證資料及被警方保留起訴權利後獲准離開，並遺下 4,200 顆汽油彈。

佔據理工大學的暴徒與警方對峙期間，另一批暴徒大肆破壞理工大學附近的紅磡海底隧道。因為設施受嚴重破壞，紅磡海底隧道被迫關閉。一個多星期後，經緊急搶修在 11 月 27 日重新開放，恢復通車。通車那天早上，政務司長張建宗先生在接受傳媒採訪時，被問到假若重新開放後的紅磡海底隧道的設施再有人肆意暴力破壞，政府有什麼方法處理。張建宗說：「若有激烈示威者再去重新肆意破壞的話。我哋係冇乜嘢可以做。唯有整個社會要譴責這種暴力行為……」

身為特區政府的第二把手的張建宗先生面對暴徒肆意破壞時，一句「我哋係冇乜嘢可以做」讓人看出這個政府的軟弱可悲，也讓人看到特區政府高層官員的軟弱、不作為與無能。

　　張建宗司長的一句話，道出了暴力騷亂發生以來，對於暴徒在全港各區肆意暴力破壞，特區政府是完全沒有對策的。亦反映出自 2019 年 6 月起香港所面對的凶險情況，特區政府根本沒有一套完整的應對策略。

　　事實上，種種逐步浮現的證據已經顯示，這次反修訂《逃犯條例》的社會運動，並非單衝着修訂《逃犯條例》而來。從運動發展到後來的結果可以看出背後操縱及指揮這次運動的勢力，有着更深層次及更長遠的目標。特區政府一直沒有對反修例運動的性質作出認真的研判，也拒絕對緊接而來持續不斷的街頭暴力作出相應對的研判，從而制定應對措施，導致暴力不斷的社會動盪久久不能平息。

　　反對修訂《逃犯條例》引發一連串示威。2019 年 6 月初發生暴力示威者以磚塊及鐵通攻擊警察，警察與暴力示威者爆發衝突。借此機會示威組織者與暴徒們迅速誣稱警察攻擊和平示威者，也借此機會示威組織者與暴徒們把原來反修例的主張迅速改為提出政治訴求更深更廣的「五大訴求、缺一不可」口號。而且這口號也迅速獲得了香港泛民反對派政黨的響應，匯聚成為一股龐大的反政府力量。

　　到 7 月 1 日暴徒暴力衝擊立法會、攻入立法會大樓肆意破壞，整個運動已不再是反修例了。即使特區政府後來提出暫緩以至最終乾脆撤回修例，泛民反對派與暴徒合流的力量，並沒有因而鳴金收兵。原因很簡單，到這階段旁觀者已可以看出，反修例並不是目標，單純的反修例只是他們的背後力量用以燃點熊熊烈火、朝着更大目標進發的助燃劑而已。

事實上，自從 2019 年 8 月開始，反修訂《逃犯條例》已不再是他們在這場運動中的口號，取而代之的口號是「五大訴求、缺一不可」。這口號包含了不能追究暴徒暴行的刑事責任的訴求，這一訴求是特區政府無可能答應的無理要求。喊出這口號其實是要使街頭暴力因特區政府不答應「缺一不可」的「五大訴求」而無限期持續下去，目的是要將特區政府癱瘓。短期而言是奪取 11 月區議會選舉的勝利，長遠而言是奪取香港管治的絕對話語權。

面對社會事件，任何政治領袖在作出應對策略決定前，一個很重要的研判是對事件的定性。相信沒有任何政府比中國政府更了解這一點的重要性，因此在中國內地，別說重大政治事件，即使是簡單的地方性社會性事故，決策部門也會對事件研判並作出定性，然後推出相應的對策。以 1989 年 4 月中開始發生在北京的學生運動為例，當年北京政府迅速地在短短 10 天內便把運動定性為動亂；不管我們是否同意他們的研判和定性，站在當時北京政府的立場，確實是有助於政府就事態作出他們認為適合的統一應對決策。

在香港，自反修例運動在 2019 年 6 月開始引發社會動盪，持續暴力騷動超過大半年，政府仍沒有對事件作出一個定性，甚而連把這種每周聚眾擾亂公安、肆意破壞公私財產定性為暴亂的勇氣也沒有。特區政府應對暴力最大的失策，並不在於沒有盡力平暴，而在於任由隨暴力而來的謊言與歪理氾濫，喪失輿論陣地、輸掉文宣戰線，讓很多的市民被謊言洗腦。而令這情況出現的原因是特區政府面對這場動亂沒有鮮明的立場。試問，政府在黑衣暴徒意圖以剕刀割頸殺警時，仍稱暴徒為示威者；當暴徒肆意破壞商場，毀掉整個港鐵大學站時仍不把這些行為定性為暴亂，施暴者便可以在宣傳

戰線繼續用謊言不斷把暴行形容為「抗爭」，不斷以謊言稱說「沒有暴徒、只有暴政」來宣傳他們的暴行的正當性。

沒有官方權威的立場，暴徒便可以隨便大量製造謠言，醜化政府及負責平暴的警隊，美化暴力。以天津大爆炸事件為例：2015年8月12日天津發生了引致165人喪生、近800人受傷的特大危險化學品倉庫爆炸事故，但事故發生後由於初期沒有官方通報傷亡人數，網上謠言不斷，聲稱有多達1,300人死亡。事故發生4天後國務院總理李克強說：「權威發布跟不上，謠言就會滿天飛。」

自2019年6月初以來，特區政府的退縮與窩囊，讓暴徒以鋪天蓋地的文宣，不斷透過早已向暴徒傾斜的媒體向市民灌輸美化暴力、醜化警隊、倒果為因的歪理。在這種把歪理當真理，全方位向市民灌輸下，很多人變得對暴力麻木、對暴力無底線地包容。暴徒單方面向市民發放的文宣配合向暴徒傾斜的主流媒體的嚴重偏頗報道，差不多兩個月的時間，特區政府不作任何澄清或反駁，直至8月6日香港警方才開始每天開新聞發布會。但兩個月單方面發布的假資訊與歪理已足以把很多人洗腦，即使是警方開始了每天新聞發布，權威性也大打折扣。

2019年11月27日，紅磡海底隧道搶修後重開那天，香港電台的新聞是這樣說的：「受示威活動影響封閉超過一星期的紅磡海底隧道，今早5時重開⋯⋯」整個新聞報道，就好像什麼破壞也沒有發生過一樣，而只是「受示威活動影響」，就如只是被示威者堵塞一樣，那些縱火、亂砸破壞的事，好像完全不曾發生過。作為貫通香港島與九龍幹線的紅磡海底隧道遭受嚴重破壞，而引致不能通

車這樣的大事，香港電台根本不會重點報道。

又如暴徒攻擊警察、攻擊警署、攻擊警察宿舍，香港的媒體只是輕描淡寫順帶一提。8月時，有電台新聞報道說「馬鞍山警署的警員衝出警署追打市民」，就好像警察無緣無故衝出警署追打普通市民一樣。電台沒有報道的是在警員衝出警署之前，大批暴徒包圍警署向警署掟磚，警察衝出追打的是掟磚的暴徒，不是普通市民。超過半年的騷動期間媒體充斥着的便是向市民發放這種倒果為因、把暴徒說成是無辜市民的片面資訊與歪理。

除了 2019 年 7 月 21 日在港鐵元朗站白衣人圍毆黑衣人的事件外，泛民反對派與暴徒們不斷提出的便是說 2019 年 8 月 31 日港鐵太子站有示威者喪命；這段從來沒有人證實過的消息，在自稱「手足」與「義士」的暴徒中，甚至在很多市民中流傳。另一流傳的消息是反修例運動至今已死了幾百個兄弟。而在教徒支持者中，流傳得最廣的是街頭的暴力破壞，八成是黑警幹而嫁禍給示威者的。假消息一遍又一遍地傳遞，說了 100 次，變成了事實。更別說隨便亂吹 100 萬、200 萬人上街的遊行人數。一連串謊言不斷千百次地重複，香港很多人便這樣被洗腦了。

代表中華文化精髓的《論語》兩千年前已有名句：「名不正，則言不順；言不順，則事不成；事不成，則禮樂不興；禮樂不興，則刑罰不中；刑罰不中，則民無所措手足。」

因為特區政府不為幾個月的暴動定性正名、不把肆意破壞和實施街頭暴力的暴徒正名為「暴徒」，任由失智、毫不公正和已有既

定立場的媒體把暴動美化為「抗爭」、把暴徒美化為「市民」或「和平示威者」，因而在文宣上喪失話語權，任由謊言、假資訊與歪理不斷流傳。而更可怕的是沒有特區政府官方的權威正名定調，讓「民無所措手足」使一般市民無所適從，或受謠言與假資訊困擾，甚而被反政府勢力不斷重複的謊言洗腦。

特區政府將《逃犯條例》修訂案提交立法會引發各種反政府勢力集結、爆發街頭暴動後，錯誤在於一直沒有、或根本不願意對反政府勢力的意圖認真研判；因而沒有察覺到各種反政府勢力並不想事件平息。又或特區政府的決策者可能已有所察覺，但裝作視而不見或仍心存與反政府勢力大和解的僥倖想法。

支持特區政府止暴制亂的香港市民，在這場持續不斷的暴亂期間，一直指責泛民政黨與政客不肯與暴徒「割席」。但事實上，遲遲不肯與暴力割席也包括了特區政府。特區政府一直避免直斥暴徒為「暴徒」、暴動為「暴動」，一直把掟磚以至後來掟汽油彈的暴徒稱為「示威者」，使執行平暴任務的警隊在執行任務時心理上一直處於絕對劣勢。

由特首林鄭月娥領導的特區政府為什麼遲遲不肯把超過半年的動亂定性為「暴動」？為什麼不肯理直氣壯地把暴力示威者指稱為「暴徒」？這反映出以公務員為骨幹的特區政府領導層，在面對號稱百萬人上街洶洶而來的群眾運動時缺乏自信、和對自身地位缺乏信心而表現出的缺乏認受性症候群。

整個由特首林鄭月娥領導的管治班子，主要仍是殖民地時代公

務員系統出身的華人高官過渡到特區政府時代的特區官員。英殖民地時代華人高官，往往面對的是來自廣大華人居民對他們受外來統治者指揮，而行使管治權力來源的合法性的質疑。由 2014 年的「佔中」到 5 年後的「反修例」，反對派以至街頭的反對者均指責特區政府受北京政府指揮，街頭抗爭者更把中央政府等同英殖民地宗主而形容香港為中國的殖民地。來自殖民地公務員過渡而來的特首與特區政府高官並沒有對自身地位充滿信心，以當家作主的心態執行政務，一方面將自身潛意識抗拒來自北京的影響溢於言表，另一方面在面對幾十萬上街的群眾和暴徒指責特區管治為暴政時，掩飾不住失掉自信與對自身地位的認受性失掉信心，而頻頻向公眾道歉。

　　殖民地時代的華人高官，並不在意自身地位認受性受質疑，反正對那些高薪厚祿的殖民地華人高官來說，只是一份受薪工作，聽從來自倫敦的港督指示便是了。由殖民地時代華人高官過渡晉升為第二任特首的曾蔭權爵士，競選特首時的名句便是「做好呢份工」。殖民地政府培養出來的華人高官，無論地位有多高、權責有多大，均只自視為「打工仔」。如今的特區政府領導層，一方面承擔起了比殖民地時代的港督與官員更大的決策責任，另一方面卻擺脫不了殖民地時代華人高官懷疑自身地位、和不想承擔權責的「打工仔」心態。

　　張建宗對暴徒肆意破壞說沒有什麼可以做的反應，便是這種不想承擔權責的「打工仔」心態的典型例子，也是殖民地時代香港市民常常批評政府「頭痛醫頭、腳痛醫腳」這種沒有全盤政策規劃與應對預案的管治方式。這次因修例引發暴亂，特區政府在面對一場為爭奪管治話語權洶洶而來的戰爭，不但沒有準備，即使開戰了以

香港顏色密碼

後，仍然是以一種殖民地華人高官的辦事方式迎戰。市民看見的只是一群惶惶恐恐的「打工仔」在辦事，而不是一群充滿信心的決策者在決策應對。

這次暴亂在 2019 年 6 月初爆發後，特首林鄭月娥女士曾有一段長時間不作公開露面，街頭卻幾乎天天在發生暴力示威。除了靠警隊獨立支撐外，一段時間內特區政府幾乎沒有任何官員公開發話，讓人感到特區政府似乎是群龍無首。理應負責為政府宣傳的新聞處在暴亂初期連蹤影也不見，任由暴徒的文宣隊在網上不斷發放假消息與謊言而不作反駁。當文宣戰線敗陣全線失陷時，特區政府才開始重視宣傳，每天由警隊作新聞發布、用電視的政府廣告時段宣傳，但可惜為時已晚。特別是抹黑警隊的謊言就如宗教信仰般植入很多人的腦袋，連天主教的牧師也可以厚顏公開發表包庇暴徒亂掟汽油彈的言論蠱惑信眾，眾多市民喪失民智的現象出現，可以説是因特區政府的不作為，而任由假消息、謠言與謊言不斷流傳所致。

每一次泛民反對派組織的集會中，大批美國國旗、英國國旗、殖民地香港旗、宣揚「港獨」的旗幟飄揚。在香港，實在有太多不同的政治力量，包括外國勢力和本地的政治勢力，或為了不可告人的政治目的、或為了私下的政治利益而以似是而非的歪理愚弄香港市民的民智。

對香港最長遠的損害，並不是暴力。對香港傷害更大的是真相被謊言埋沒，人們對暴力包庇，人們喪失常理接受歪理。對香港傷害最大的是為包庇暴力而製造的媚外與「港獨」歪理氾濫，歪理一旦變成為很多很多人信奉的真理，那香港便真的墮進了因人們集體

失智而走向衰敗的局面。暴力對社會造成的破壞可以修復，香港社會因人們集體失智而走向衰敗卻將長時間不能逆轉。

沒有研判、不敢定性，如何應對？

完整實施《基本法》香港才有未來

曹景行　資深媒體人

1997 年 7 月 1 日回歸第一天，香港的早晨比往日更加寧靜。一個重大歷史關頭就這樣平平順順跨過去了，比各方預想中都平順得多。就連凌晨時分聚集在中環不散的人群，更多像是一場充滿興奮、見證新時代到來的嘉年華，我一邊用相機記錄着現場，一邊也融入其中。

中午前，我來到灣仔演藝學院頂層平台，前一晚來自世界各地的電視台都在這裏直播回歸時刻的到來。意外的是，美國 CBS（哥倫比亞）電視台的工作人員已經開始拆棚收攤。問他們不打算繼續報道香港回歸活動了？回答是：「我們結束了，什麼都沒有發生，Nothing happened ！」他們的大牌新聞主播丹·拉瑟一早已經離開香港，可能去了馬尼拉。

我能理解 nothing happened 的意思，也能體會丹·拉瑟因失望而匆匆離去。不只他們，數千記者從世界各國趕來香港，好多就是來看回歸時刻可能發生的大事，比如他們猜想會有街頭抗爭和暴力衝突，會有火有血甚至會出人命。結果除了回歸之夜的傾盆大雨，一切都按部就班穩穩妥妥。街頭不同的集會打着各自的旗幟，喊出不同立場的口號，但沒有人吵架，更沒有人動手。

香港並沒有出現西方世界某些人想象中的沉淪，於是他們失望了，甚至感到有點丟臉。因為他們此前已經發出過各種各樣凶險的預言，現在很難自圓其說了。如美國《財富》（Fortune）雜誌在九七前兩年就做了封面報道《香港之死》，聳人聽聞而近於詛咒。

一位中文很不錯的日本女士,當年也算是媒體人,回歸前夜在台灣報紙上對香港人的「順從」用語刻薄:「我們本來是來看強姦的,沒想見到的是和姦。」

香港回歸過程之平順,甚至讓北京方面和在港中方人士有點意外,許多擔心會發生的壞事並沒有發生。多年後,京港朋友中不止一位告訴我,九七回歸前中方為權力交接時的各種可能和不測做好充分準備,而且遠不止一套對策預案,都有相應的人員和資源配備,不斷收集相關資訊做沙盤推演,只是後來都沒有用上。

我們也討論過為什麼九七回歸最後會如此平順。我認為中國改革開放的總體進程,尤其是鄧小平「九二南巡」後市場經濟的建立和發展,為正處在轉型瓶頸中的香港經濟提供了難得的機會,也為港商提供了前所未有的廣闊空間和賺錢機會。香港財經領域在九七之前已開始同內地接軌,內地各方面的變化也讓愈來愈多人相信,香港的資本主義體制和生活方式會在九七之後延續不變。

更加重要的是,1990 年全國人大通過的香港《基本法》,以及九七回歸前產生的第一屆特區首長董建華和他的政府班子,應該得到了多數香港人的認可和接受,儘管是不同程度,儘管夾雜着各種心態,儘管許多人還只是將信將疑或無可奈何。鄧小平提出的「一國兩制」、「港人治港」的基本原則,確實得到了體現和實施。就連香港人對解放軍入駐的恐懼和擔心,也很快就化解得差不多了,以至在回歸後那幾年的多次民調中,香港人對駐軍好感度、滿意度一直居於高位。

香港《基本法》是一部很不尋常的法律，古今中外史無前例。它不僅要把英國人管治了百多年的香港同中共領導的中華人民共和國母體銜接起來，要把香港的自由資本主義同「中國特色」的社會主義銜接起來，要把英國人在香港建立的整套英美法律體系同中國的大陸法系銜接起來，更要把「一國兩制」的設想首次變成現實，以求把中國的國家意志同多數香港人的意志銜接起來。

　　1979 年香港總督麥理浩到北京試探中國對九七後香港歸屬的態度，鄧小平很快就做出到時全面收回的決斷。1982 年「鐵娘子」撒切爾夫人在北京人民大會堂的會談中的威脅語氣激怒了鄧小平，卻也給了她最明確的回答：「主權問題不是一個可以討論的問題，在這個問題上沒有迴旋的餘地。」而且，如果英國人在香港回歸前的過渡期搞鬼搗亂，鄧小平也很明確地告訴她，中國政府將「被迫不得不對收回香港的時間和方式另作考慮」。

　　也就是説，如果英國人堅持不放棄香港主權或者弄得香港大亂，中國就會提前直接收回，當然有可能使用武力。中方得到的消息是，撒切爾夫人來北京之前曾諮詢過她的國防大臣，在香港問題上英國有沒有可能對中國也來一場「福克蘭群島戰役」，回答卻是「想也別想」。

　　後來鄧小平對駐軍的強硬表態，同樣凸顯了中國對主權的堅持絲毫不會鬆動，表達的是中國國家意志，代表了中國的普遍民意。但另一方面，香港的普遍民意卻非如此。撒切爾夫人曾對鄧小平出言不遜，説是中國收回香港將導致動亂和災難性後果，鄧小平回覆「我們要勇敢地面對這個災難，做出決策」，同時也表示香港回歸

後能否繼續保持繁榮，根本上取決於中國要實行「適合於香港的政策」。

但如何避免出現這樣的「災難」，應該採取哪些「適合於香港的政策」，北京不僅要解決同英國方面的重大分歧和矛盾，更要解決同香港多數民意的對立。而且兩者始終密切糾纏在一起，英國人在同北京交手中也充分利用香港社會中的「恐中（中國政府）反共」情緒，使得從 1982 年開始的回歸過渡期一直動盪反覆以至多有驚濤駭浪，餘波至今未息。

無論是九七回歸前後，還是回歸後的 20 多年，在中方的論述和宣傳中，或多或少都淡化、迴避香港相當一部分民眾不願意改變原狀、不願意接受共產黨政權管治的事實。回歸前的半個世紀中，香港人口從 100 多萬增加到了 600 多萬，1940 年國共內戰、中共奪取政權，此後內地的多項政治整肅運動、三年大飢荒、十年文革，加上經濟政策錯誤帶來城鄉貧困，都造成內地人口不斷流入香港避難和求生。

香港這樣的人口構成，多數人持有懼怕和抗拒共產黨政權的政治立場，在所難免。尤其是 1967 年「反英抗暴」（港英當局稱為「六七暴動」）失敗，傳統左派勢力大為削弱，香港社會加速政治右傾化和教育文化全盤西化，與內地的心理鴻溝不斷加深和擴大。

1970 年後香港經濟起飛，戰後出生的一代年輕人教育程度提高，普遍接受西方價值體系，成為香港新專業人士、新中產階級和社會中堅，也開始產生所謂的「香港意識」。「香港是我家」的觀

念開始取代多數老一代對香港只是避難借住心態，70 年代九龍的美孚新邨和 80 年代港島的太古城等大型新居民區的出現，正是香港新中產上升階段的標誌。

恰在此時，香港回歸問題突然到來，對相當一部分香港人猶如晴天霹靂。1983 年中英談判期間一度出現日用消費品搶購狂潮以及港元急劇貶值，都反映了港人對回歸的高度恐懼感。此後延續 10 多年的移民潮大量香港人外流，官方數字大概在六七十萬以上，多數為已經積累一定財富的中產、專業人士家庭。（統計表明，這次反修例事件中，反對勢力的主體也正是香港中產家庭。）

所以，既要實現中國完全收回香港主權，又要讓多數香港人接受這樣的現實，正是制定香港《基本法》關鍵之處，最不容易卻又是最為精彩，需要領導者高度的智慧、自信和意志力。整個《基本法》制定過程，完全由鄧小平主導。他提出的「一國兩制、港人治港」，「五十年不變」即「香港現行的社會、經濟制度不變、法律制度不變、生活方式不變」，以及由此產生的通俗解讀「馬照跑、股照炒、舞照跳」，對穩定香港社會和民心猶如一帖神藥。

政治是不同利益和勢力的較量，另一面則是妥協。今天在談到香港《基本法》時，一般都忘了它實際上是一份契約，是當年香港內外各方妥協的結果，才有可能成為多數人大致可以接受的「最大公約數」。一國憲法是國家與公民間的契約，是權力與權利的妥協；香港《基本法》是代表國家的中央政府與香港社會之間的一份契約，是相關各方基於現實和利益考慮最終達至妥協的產物。

九七回歸，如果北京決定香港就實行「一國一制」，並且像英國人那樣從北京派來由「市委書記」率領的管治班子，就像末代港督彭定康那樣，再多港人反對也只能接受，外人更沒有任何理由置喙和干預。但鄧小平既懂得堅持也懂得妥協，「一國兩制、港人治港」、「五十年不變」就是對香港的重大的妥協。而香港方面的妥協，就是接受回歸中共領導的中華人民共和國的事實，接受一份由中國憲法派生出來的《基本法》，認可自己從此成為中華人民共和國公民的身份轉變，除非你不再是香港人。

前些年我在香港一間大學的課堂上曾問幾位學者，究竟什麼是「香港精神」？各種說法都有，刻苦耐勞、勤奮拼搏、開拓進取、靈活應變、自強不息……還有如「麥兜」般的「同舟共濟」。但我認為，九七後香港精神的核心離不開《基本法》體現的價值觀，尊重法治、尊重現實、尊重契約、尊重妥協。

九七年回歸之日香港能夠如此平順渡過，正體現了這種新的香港精神。一個永遠記得的畫面發生在 1997 年 7 月 1 日凌晨時分，在中環執勤的警員正換上新的帽徽和領章，旁邊的市民爭相同他們拍照，一派喜慶祥和。但十分可惜、十分遺憾，今天的香港早就不再祥和，不管哪一種所謂的香港精神都已摔成碎片。

分裂而相互敵對的香港正一年年，甚至一天天衰敗下去，而且還見不到底。央視主持人白岩松 2019 年夏天在香港書展的演講中告誡年輕人：「一個城市想要好起來，需要幾代人的努力，想要壞下去用不了一代人就夠了。」最近他在深圳的一次演講中又預言，10 年後的香港可能變成中國的一個「二線城市」，不是沒有道理。

而在我看來，香港 10 年後會融化到粵港澳大灣區中去，愈來愈平庸無奇。

當年香港九七順利回歸，北京似乎有大功告成的感覺。據我所知，北京、上海等地原先研究港澳問題的朋友，回歸後紛紛轉向台灣問題或經濟領域，一些研究機構結束或合併，有一種「馬放南山、刀槍入庫」的味道。另外，好些新華社及其他內地派駐機構的老人在香港已經工作了一二十年，參與了回歸全過程，本來應是參與治理香港的難得人才，卻都「解甲歸田」離港回鄉。

似乎誰也沒有想到，九七回歸正是新的香港問題開始，而且更加複雜、更加高難度。可以說，回歸前外界不少人期待看到的香港亂局，拖遲到今天還是爆發了。那麼，香港究竟出了什麼問題，是基本法本身存在結構性缺陷？還是實施中出現了重大偏差？今後又應該如何補救和糾正？這是當前香港最應該探討的事情，也是北京重新調整香港決策的出發點。

最該探討的是什麼呢？首先，《基本法》仍有重大空白，那就是香港對「第 23 條」至今還沒有完成立法；作為契約的一方，香港至今還沒有履行當年的承諾，再拖下去形同毀約。2003 年特區政府推動「第 23 條」立法受挫，主因是低估了香港社會中潛在的反對勢力和不滿情緒，50 萬人上街不但阻止了立法，還弄倒了香港第一位特區首長。

董建華的辭職帶來極為嚴重的惡果，不僅後來的幾任特首誰也不敢再推動「第 23 條」立法，而且特首職位的權威性也大為動搖。

香港顏色密碼

反對勢力發現只要顯示足夠的力量，不難把特首拉下台，還可以逼迫北京退讓。此後的「反國教」、「佔中」直到這次的「反修例」，無非都是反「第23條」立法的延續和延伸，反對勢力步步推進，逼近底線，特區政府則一退再退，終於弄得香港社會大亂、法治大壞。

反「第23條」立法顛覆了國家安全和國家主權的觀念，非法對抗國家反倒有了合理性，「反中」以至「港獨」都可以暢行無阻，嚴重破壞了香港作為中國一個特區的政治基礎。「一國兩制」延續了香港原有法律和司法體制的基本內容和架構，22年來的實踐卻表明它們並不足以保障《基本法》的全面實施。

因「五十年不變」而延續下來的香港法律和司法體制，在反修例動亂中不能有效保障法治和公民權利，不能有效制止和及時懲辦各種嚴重違法行為，其本身的公正形象也被塗污。香港人的財產權、人身安全和人格尊嚴、公共秩序、信息隱私等等都受到半個多世紀以來最嚴重的破壞和威脅，媒體上可以公開散布謠言，煽動犯法行為卻不受任何制約，很難說這還是個完好的法治社會，未來前景更是十分堪憂。

同樣，回歸後延續至今的香港自由資本主義經濟體系也並非那麼有效，經濟轉型滯緩、貧富差距愈來愈懸殊，背後是豪門既得利益進一步膨脹以及財富分配愈來愈不公平，堵塞了社會下層和年輕人的出路和上升通道，成為這次香港陷於亂局的一個主因。再有，香港現行教育本身就與《基本法》多有抵觸，教出來年輕人多數沒有能力到香港以外的大中華地區或國際空間競爭發展，這次動亂中參與非法暴力破壞的學生比例如此之高，香港教育難辭其咎。

面對愈來愈失效的原有體制，以公務員為主體的特區政府更常常顯得平庸無能，遇到危機手足無措。英國人臨走前設計的香港多黨政治，回歸後的實際運作頗為古怪。反對派政黨永遠不可能上台執政，贏得盡可能多選票和議席是他們唯一目標，從來不須（也沒有機會）為自己的政策主張負責，從來就是為反對而反對，必然愈來愈走向極端和激進，不斷突破國家認同與法律的起碼底線，成為香港破壞勢力的主要源頭。

另一方面，所謂「建制派」也不是一般意義上的執政黨。他們永遠只是為政府決策護航，永遠不會執政掌權來實施自己的政策主張，卻要拚死拚活到第一線同反對派對陣，合理嗎？特區政府吸收建制派精英加入施政，並在香港內外招聘頂尖人才，在所必然。至於中聯辦，本來應該是中央政府聯絡整個香港社會方方面面的橋樑，並向中央決策提供準確的依據。但實際上，不斷輪替的內地官員沒有幾個能用粵語與草根民眾直接溝通，要防止脫離群眾、偏離現實，要準確把握香港動向，北京的相關部門一定要作出重大變革以適應今天的香港。

這次的反修例動亂，充分暴露了香港的問題，下一步怎麼辦？只有回到《基本法》，健全《基本法》，全面而不折不扣落實《基本法》。《基本法》是基本原則，需要根據實際變化加以補充、修正和細化。美國憲法通過一個個修正案和最高法院司法解釋而不斷完善，香港《基本法》也應該如此。第一關，「第23條」必須盡快完成立法，再拖下去就是對抗《基本法》，中央完全有理由代行立法或者把相關的國家法律擴展到香港，從最根本的國家認同開始重新構建香港的政治基礎。

　　問題是，當年《基本法》的產生靠的是各方反覆較量、折衷和妥協達成基本共識，今天各方立場如此分歧對立，新一代反對勢力更得意洋洋聲稱自己「沒有大台」，即使推出幾個代表人物恐怕也難集聚他們的共同意向，更欠缺起碼的常識、智慧、心胸、視野和遠見。怎麼辦？天知道！只是時不我待，香港當前如此局面已經拖不起了，否則真要被他們「攬炒」了。

　　2047 是橫在香港前面的一個時間點，與當年 1997 同樣關鍵而重要。1979 年英國主動向北京試探九七問題，是因為香港的土地契約遇到了這個跨不過去的「坎」。今天，隨着時間流逝，香港又會遇到新的「坎」：2047 之後香港到底還會沿用《基本法》嗎？還是會變為「一國一制」？雖然鄧小平曾經說過，「50 年後中國已經發展起來了，也不一定要變了」，但《基本法》只管 50 年，並沒有延續條款。

　　香港高等法院退休法官列顯倫看到了這一點，他在 2019 年 8 月就提出：「如果抗議者真的是為了香港的長遠發展，就應該向中國及其他國家證明『一國兩制』是可行的，並且努力創造一種氛圍，讓北京政府感到放心，從而讓『一國兩制』和當前香港的法制體系能在回歸 50 年後繼續推行下去。」這或許代表了多數香港人的最大利益和共同願望，但可悲的是，今天有多少香港人意識到呢？報應很快就會到來，2047 並不遠。

香港黑色暴亂的基礎性原因及港府責任

劉瀾昌　時事評論員

2019 年 6 月 12 日，晚 7 時。

金鐘一帶。

反修例的示威者仍然與警員對峙。為了控制場面，警方又施放了一輪催淚彈。

晚 7 時還差 1 分鐘。

樂富房委會玻璃門就要關上，飛奔而來的一男一女衝了進去。

大門關上後 1 分鐘，還有一人趕來。不過，大門緊閉，不管如何苦苦哀求，看門的如同「鐵面包公」，就是不為所動。

其實，衝進門的男女朋友，與吃閉門羹的命運差不多。在 2019 年，香港發售的這一期居屋，一共 4,871 夥，累計遞交申請表近 30 萬份，比上一期多出 8.8%，中籤機率是 1.6%。許多人說，抽居屋如同抽六合彩。這對男女抽不中的機率為 98.4%，所以實際命運和吃閉門羹一樣，只能將希望寄託在無盡的「下一次」。

6 月 12 日上午約 8 時，大批示威者在金鐘添馬公園一帶集會，未幾便衝出夏慤道與龍和道，包圍了立法會，誓死阻止香港立法會恢復《逃犯條例》草案二讀辯論。警方事後公布，為了控制場面，期間發射逾 240 枚催淚彈、約 3 發布袋彈、約 19 發橡膠子彈和約

30 發海綿彈。當天早上，香港立法會秘書處宣布，立法會主席梁君彥決定延遲當日立法會大會，到了下午又宣布取消大會，延後審議。之後，示威衝突不斷，立法會秘書處先後宣布取消 13 日和 14 日的立法會大會。至 6 月 15 日，行政長官林鄭月娥宣布暫緩修例。

筆者了解到，在這一期居屋申請截止前，有街坊參加示威活動後，才趕去交表，入夜之後依然有數十人排隊。有一對居於租置公屋的甘姓夫婦為 3 名子女遞交 3 份白表單身申請表，他家的居住環境非常狹窄，雖然情況較劏房或籠屋好，但一家八口住在約 400 呎的租置公屋單位，子女已 20 至 30 歲，每日仍要席地而睡，平日更要「爭廁所」。他們坦言無力購入高價私樓，只好碰運氣抽居屋。而今期居屋單位實用面積介乎 276 至 568 平方呎，以市價 59 折出售，售價由 156 萬至 529 萬元。其中「居屋樓王」的何文田冠德苑 C 座 16 樓至 27 樓的 3 號單位，實用面積達 568 呎，可間成 3 房單位。這，當然是甘家夢寐以求的恩物。

除了「30 萬人遞表抽居屋」，還有「26 萬人排隊上樓」。6 月中示威活動起跑之時，香港公屋輪候冊再創新高，約有 15.02 萬宗一般公屋申請，非長者一人申請個案約 11.75 萬，二者合共達 26.77 萬宗。一般申請者的平均輪候時間由 2018 年 5.3 年，增至 5.5 年，政府原先承諾的「3 年上樓」目標早成泡影。

「30 萬人遞表抽居屋」加「26 萬人排隊上樓」，這兩句話內裏可是包含着無法量度的怨言、不滿，以至憤懣和戾氣。筆者也相信，這當中有大量的大專畢業生，他們一個要聯繫幾個人上街示威不是難事，當然所謂的 200 萬是假話，但是 30 多萬不滿政府人士

則是隨時可以動員的。

國家主席習近平在澳門回歸 20 周年慶典講話中總結了澳門「一國兩制」成功實踐的 4 點重要經驗：第一，始終堅定「一國兩制」制度自信。第二，始終準確把握「一國兩制」正確方向。第三，始終強化「一國兩制」使命擔當。第四，始終築牢「一國兩制」社會政治基礎。習主席藉澳門回歸 20 周年，首次提出「一國兩制」的社會政治基礎的概念和課題，要求始終築牢這一社會政治基礎。筆者認為，對於「一國兩制」的偉大事業，如何牢牢打好社會政治基礎，是一項千秋萬代的戰略性工作，值得香港人深思，香港輸澳門也就輸在社會政治基礎上。香港特區「一國兩制」要重回正軌，如何安撫「無殼蝸牛」，平息他們的不滿，當是重要課題。

阿 Ben 是其中一個參加了「6.12 示威」之後才去交抽居屋表的酒樓大廚，筆者問他政府為何要修訂逃犯條例，條例中有何不對，為何要把移交逃犯污名化為「送中」，政府修例有否傷及他和家人及朋友的利益？他一問三不知。至於談到舉美國旗、英國旗，要求「香港獨立」，他則説絕對不同意，也絕對不可能。他説，他只希望有工作之餘，也有自己的一個小天地。他説，按他的收入，是不可能排隊上樓住公屋的，但是也買不起天價般的私樓，唯一的希望就寄託在抽居屋上。而當下，他只能租住在「劏房」內盼望「天明」。説到激動處，他恨自己沒有本事賺大錢，也恨自己生不逢時，但是更恨政府無能。他説，為了出氣，凡是反政府的集會遊行他都去參加。他還説，他身邊的朋友都和他一樣的處境。

説來也怪，香港陷入半年多的暴亂，歷經了連月的打砸燒，但

是樓價依然堅挺。有分析指出，2019 年整體樓價仍是上升年，預計升幅仍有 7% 左右。據統計，目前香港平均房價一個單位高達約 973 萬港元，平均豪宅價格則為 5,416.5 萬港元，成為全球之冠！

一直以來，香港也是全球公認的房價最難以負擔的城市。根據美國城市規劃諮詢機構 Demographia 發布的《全球房價負擔能力調查 2018》報告，在包括美國、澳大利亞、日本等 9 個主要國家和地區的 92 個城市中，香港連續第 8 年奪得「房價最難以負擔」這個頭銜。而香港人想要買一套房有多難？根據統計處的最新資料顯示，香港僱員平均月入 1.75 萬元，即不吃不喝 68.5 個月或接近 6 年才能儲到 120 萬元首期。現實是你沒有可能不吃不喝，加上買樓還要有稅項、經紀費、律師費、裝修費等開支，動輒要花多數十萬。換言之，一個普通香港人，為置業交付首期儲錢十年八載，是起碼的支出；要完全供完款，則至少還要一倍的時間，也就是說一個單身青年要置業的話，需要耗盡其人生最美好年華的奮鬥所得。也有不少年輕人需要動用父母的「棺材本」資助首期，所以許許多多青年人覺得人生沒有什麼意義。阿 Ben 就說：難道我一世人就是為了一間遮頭安身之地而苟且偷生？

樓價超高，也使香港出現了「納米樓」的奇特現象，這也是當今世界的國際大都會城市中罕見的。灣仔一個「納米樓」套房放租，面積 120 平方呎（約 11.15 平方米），月租 7,500 港元。就在這個車位大小的面積裏，除了放置一張牀，還設置了灶頭、廁坑、淋浴花灑和洗衣機。上班在摩天大廈，下班徘徊在五光十色的霓虹燈下，回家則棲身在這般「納米樓」裏，宿者往往不是變為易怒的神經質，就是變成目光呆滯的失去生活興趣之人。

然而，這些「納米樓」有增無減。有報告顯示，香港實用面積不超 215 平方呎的「納米樓」落成數目在 2014 年只有 64 個，但 2019 年預測數目卻高達 1,066 個，5 年內增幅近 17 倍。自然，這種增加是市場規律使然。

　　在香港，近 20 萬市民租住劏房，人均住房面積不到 60 平方呎。香港這座繁華的「東方之珠」，整體經濟實力亞洲排名前列，但一般港人居住單位面積卻愈縮愈小，這是多麼可悲之事。

　　香港的住房困境，是香港的民生大問題，也是經濟大問題，更是政治問題，以及所謂香港的深層次問題。自然，這是香港特區政府施政的大事。在發生這場黑色暴亂之前，筆者就認為這是香港第一等的大問題；在香港不得不將止暴制亂放在頭位之時，其實也必須同時着手改善市民住房問題。事實上，無論是建制派的主要支持者，還是反對派的主要支持者，都在深受住屋問題之苦。

　　對於香港 2019 年的黑色暴亂，到底原因何在？這是一個極具爭論性的課題，或許到了 2047 年，香港各界都不會有一個共識。事實上，不同階層、不同見識的人士會有不同的視角和不同的答案，尤其是對不同因素的量化更會見仁見智。香港這次動亂中有 7,000 多人被拘捕，其中大部分是年輕人，學生佔了四成多，而且有 80 多名教師或教學助理被拘，詛咒警方、煽動仇恨、帶學生參與非法遊行的老師更是大有人在，不得不承認香港的教育出了問題。尤其是相當部分回歸後才出生的年輕人，竟然舉起美國旗、英國旗，崇美崇英而不認同自己是中國人。

　　尤其需要譴責的是，香港回歸以來不少老師不但沒有對學生進行正面的國民教育，而且自身對中國歷史、對中國共產黨歷史知之甚少，更多接受西方社會對自己的國家及執政黨污名化宣傳，並對學生的教育扭曲事實，破壞尤深。還有香港的司法界、香港的大律師，明知是違法之事也教唆他人去做，並恬不知恥加以正義化；香港的某些媒體違背職業道德，散布假新聞，抹黑警隊、抹黑政府，都在動亂中扮演不光彩的角色。在香港的內部因素還可以找出很多，而外部因素，美國為遏制中國發展打「香港牌」，台獨勢力為保住大位「抗中反共撿到槍」，內地的反共力量亦捐款捐物、出謀劃策、興風作浪，也都是不可否認的事實。總之，香港的黑色暴亂，有內部的和外部的，歷史的和現實的，經濟的和社會的，物質的和意識形態的，深層次和新形勢等複雜的因素綜合起作用，不可片面而論。

　　但是，不論如何看，香港長期累積的住房問題，肯定是這次黑色暴亂的基礎性因素。必須重視的一個問題是，香港至少有六成人站在反對派一邊。直至 2019 年底，黑衣暴徒打爛街燈，砸商舖，燒銀行和車站，騷擾酒樓食客，甚至將大學變為兵工廠，還有私藏槍支彈藥，開槍拒捕等等，很多罪行已經上升到恐怖主義級別，但是調查還有四成人同情或支持暴力行為。這説明，香港這次動亂是有一個龐大的社會政治基礎。

　　各種的外因都是透過內因起作用的，也就是説，美國、台灣以及內地的反共力量，能夠興風作浪，都是透過香港龐大的社會政治基礎而發揮作用的。其中，相當重要的是，回歸後節節攀升的樓價使香港一般市民尤其是青年獲得感不強，加上向上流動的機會渺茫的多重煎熬，助長社會不滿情緒的累積及疊加。反華、抗中、抗共

以至分離主義思潮，自然順理成章得到市場，產生共鳴，一些極端的青少年便接受唆擺，收受金錢而走上街頭成為反對派的勇武分子，以至發展到暴力破壞行為。試想，在這次暴亂中被拘的青少年基本都是回歸以後才出生的，他們既沒有在英殖民統治下生活，也對內地的歷次政治運動不了解，也許他們中的一些人的父母曾在內地土改、三反五反、鎮壓反革命以及四清運動、文革中受過衝擊和打壓，從小受到一些「拒共、抗共、仇共」的教育，但是香港之所以形成過半數的反特區政府和中央政府的力量，是不能不從他們的切身所得利益和感受去尋找主要原因。

香港有些地產商不同意這種看法，認為「香港民生有問題，但根在政治生態」。可以毫不客氣地指出，香港的地產商是香港回歸後的最大既得利益集團。20多年來，特區政府的政策向他們傾斜，當決策者明白再這樣下去香港要玩完了，要做出改變時，他們也出來反對、阻撓。梁振英政府雖曾信誓旦旦造地解決土地供應不足問題，但是5年過去一無所獲。林鄭月娥上場也是「拖字訣」，用了1年來討論。筆者敢說，如果梁振英5年縮窄了土地缺口，如果林鄭月娥上場就決定收回粉嶺高爾夫球場建公屋，那麼，「30萬人遞表抽居屋」和「26萬人排隊上樓」現象就可能不會出現了，或許會少了五六十萬不滿人士。筆者堅信一個真理，無論何種政治制度的社會，經濟基礎決定上層建築，利益得失決定政治立場態度。

故此，香港要重回正軌，須在深化「一國兩制」社會政治基礎上做文章，而且還不能是空頭文章，需要有看得見摸得着的實際利益。一句話，特首林鄭月娥需要在解決房屋問題上大刀闊斧，立竿見影。可惜，在暴亂中，也就是10月，林鄭月娥公布的新一份施政

報告還是縮手縮腳。

在她公布這份施政報告前，筆者曾經公開建議，政府應當機立斷收回粉嶺高球場悉數建出租公屋、居屋。筆者在建議中，還特別提到，重大社會危機後，必然需要斷然決然的舉措緩和社會矛盾。上世紀香港的六七暴動之後，當時的殖民政府推行安撫政策，如今依然是香港居住支柱的廉租屋政策因此應運而生。可能，這一課需要當今特區政府重溫。林鄭月娥與政府及時做幾件實實在在的，讓市民看得見摸得着，而反對派想要反又反不得的民生大事，則非常有必要。這也是壞事變好事，趁機解決香港多年累積的社會矛盾的契機。

筆者還提到，特首林鄭月娥雖然就解決房屋問題，推出短、中、長線房屋政策措施紓解民怨，但由於政府效率低下，欠債太多，不能在短期內解決這一香港社會的燃眉之急，必然使市民失望。林鄭月娥為了釋出誠意，必須要有使社會震動的「驚人之舉」。筆者還特別指出，按照政府土地小組對粉嶺高球場的意見，主要是保留，僅發展 32 公頃粉嶺高球場，其餘 140 公頃不收回、不改變。行政會議 2019 年 2 月接納建議，決定局部發展位於粉錦公路以東的 32 公頃粉嶺高球場作房屋用途，並以公營房屋為主。不過，這還是數年之後的事情。政府表示，2019 年下半年開展技術性研究，並與香港高爾夫球會在 2020 年 8 月地契期滿後，訂立為期 3 年的「特別過渡安排」讓其繼續使用，對其餘 140 公頃高球用地的用途續期至 2027 年 6 月。

或許，這個方案，在年初之時，算得上一個折衷的照顧各方利

益的平衡方案。但是，在「六月風暴」之後的當下，特區政府需要作出適應時勢的政治判斷及抉擇。這就是，立即宣布收回整個粉嶺高爾夫球場用地，包括原定的 32 公頃及其餘的 140 公頃，合共 172 公頃土地，全部用來建公營房屋，其中出租公屋可以達七至八成，各種類型的居屋達二至三成。

按照政府方面的方案，劃出的 32 公頃土地可以建 0.46 萬個房屋單位，這是中等或略高密度的規劃，也有土地關注組質疑這太保守。然而，即使按照這個密度水準，整個粉嶺高球場，也仍然可以提供近 2 萬 5 千個單位。筆者聽一些專家意見，相信提高密度，可以輕易獲得 3 萬多個單位。由於粉嶺高球場土地平坦，雖然有樹木保育和古建築保育問題，以及加建道路交通設施問題，但是施工難度不高，施工周期不長。也就是說，一旦政府決心盡快悉數發展，這對於「26 萬人排隊上樓」以及「30 萬人遞表抽居屋」來說，是一個可期可盼的特大好消息。這當然也是林鄭政府 6 月風暴後送給香港市民的最大、最好禮物。

然而，她沒有汲取，還是按部就班，緩慢建屋，令人不解。

筆者在 2019 年聖誕節期間，完成此文，其時黑衣人依然在打砸燒，製造 1941 年香港淪陷以來第二個黑色聖誕，止暴制亂依然是第一位的任務。不過，政府千萬不要將恢復社會正常秩序與解決房屋問題割裂開來。相反，應該將緩解住房困局作為止暴制亂的基礎性工作去認真做好。

根據房委會的資料，2020/2021 年的公屋建設量，由早前預測

的 1.24 萬個，急跌至僅及一半的 0.61 萬個，與早前政府定下目標數量每年 3.15 萬個相比，仍相差甚遠。未來在最樂觀情況下也只能供應 24.8 萬個公屋單位，也就是説未來 10 年內仍會最少短缺 6.7 萬個公營房屋單位，「公屋斷崖」幾已確定。

政府首份《長遠房屋策略》（長策）訂出未來 10 年間（即 2015 至 2025 年）要興建 20 萬個公屋單位及 8 萬個資助出售單位的目標，並預料 2020 年、第二個 5 年計劃開始，建屋量將有起色，惟事與願違，該兩類房屋的實際落成量，與目標愈扯愈遠。過去 5 年累積的「屋債」逾 6.5 萬個；而且根據政府預測，未來 5 年都不可能達標，直到 10 年建屋計劃完結時，「屋債」將累積至逾 12.1 萬。

怎麼辦？林鄭政府能不急嗎？

在平安夜，筆者問阿 Ben「有去搞嘢嗎」？他説沒有，他不要「攬炒」，也知道「港獨」是雞蛋碰高墻，他只要「有瓦遮頭」，安居樂業。政府聽到了嗎？

回歸後最大的政治災難是如何引爆的？

——探討「政治傳播」的無用之用

吳志隆　「就是敢言」副主席

膾炙人口的《獅子山下》有兩句歌詞：「放開彼此心中矛盾，理想一起去追。」在社會嚴重撕裂的今日香港，多數人聽來會有一絲無奈的苦笑。發生在 2019 年夏天，這場由「反修例」到「反送中」再到「反政府」的社會風波，將以「香港回歸以來最嚴重的政治災難」為條文名目，在歷史上留下章節。

這場政治災難源起一場法律爭議。2018 年 2 月，香港男子陳同佳在台灣殺害女友潘曉穎並棄屍台北後離台返港，卻因為香港與台灣並未有「逃犯引渡協議」，因而香港警方不能以「謀殺罪」起訴陳男，現實法律漏洞引發社會熱議。於是，特區政府於 2019 年 2 月 13 日宣布，為填補現有法律漏洞，會向立法會提交《2019 年逃犯及刑事事宜相互法律協助法例（修訂）條例草案》，擬建立香港與內地、澳門和台灣等司法管轄區互相移交嫌疑人和進行法律協助，一併納入長期的逃犯引渡協議的名單中。行政長官林鄭月娥表示，該草案源於潘曉穎命案，初衷是為了填補香港法律的缺陷和漏洞，並得到中央政府理解、尊重和支持。

不過，當特區政府啟動修例程序，一場政治傳播的攻防戰已經揭幕，管治團隊（包括特區政府、中央政府及涉港部門、香港建制派政治力量）與反政府勢力的對抗已經在三個戰場角力：街頭戰場、輿論戰場、選舉戰場。三個戰場互為影響，形成推動整場運動的動力。

運動始作俑者的終極目標應該不是推翻香港的現有制度，而是在現有體制內，在「選舉戰場」全面爭取在現有框架內的香港管治主導權：包括 2019 年底的區議會選舉、2020 年的立法會選舉、2022 年的行政長官選舉。這三場選舉與社會運動環環相扣，反對力量在前線的「街頭戰場」實際衝擊法制，並透過「輿論戰場」來挑動社會對建制力量的不滿情緒，向大眾傳達並鞏固一個信念，即「今天香港社會的不公義」就是管治力量的制度暴力，要改變就只能透過支持反政府力量在選舉中獲勝，才能主導香港的管治權，改變他們眼中的「不公義」，岑敖暉、黃之鋒等人紛紛參選區議會便是實證。

這場政治災難仍是「正在進行時」，但其起因與發展脈絡已大致可見。筆者形容這場社會運動的本質是一場「資訊戰爭」，輿論戰場居中制定社會議題，聚焦民意，成為推動整場運動前進的核心力量，讓反對力量在「選舉戰場」取得實際利益。在整個事件中，可見管治團隊在輿論戰場節節敗退，致社會主流民意在短期內出現明顯逆轉，主要原因在於管治團隊長期忽略政治拼圖中的關鍵一塊：政治傳播（Political Communication）的科學作用。回歸 22 年以來，無論是董建華時代的「八萬五政策」、曾蔭權時代的「政制改革」、梁振英時代的「反國教」和「佔中運動」，還有林鄭月娥時代的「DQ風波」、「明日大嶼」、「修訂逃犯條例」等。一條條原意是解決社會問題的利民政策，最終演變成一場比一場更嚴重的政治危機，核心原因都在「政治傳播」失當。

今天香港的管治力量沒有意識到政治傳播對提高有效管制的效用，無論特區政府或者中聯辦，都沒有辦法與多數的主流媒體建立

良好的信任關係。特別是今屆特區政府並不重視與傳媒建立良好互動，連「新聞統籌專員」一職也懸空至今，行政長官本身也沒有有效營運社交平台。「反修例」是由政策行銷（Policy Marketing）激化成的社會運動，主要因為管治班子無法清楚掌握民意，無法透過多元傳播平台與社會民意互動，自然無法在政策行銷中贏得市民信任。相反，日益激發民意甚至成為反對整個管治體制的政治風波。

政府與社會之間的信息交流，其實就是「政治傳播」，這看似無形的、無用的工作，卻發揮着決定事情成敗的「大作用」。因此本文嘗試回顧修例過程，檢討管治團隊在政治傳播方面犯下的錯誤，但在此之前，我們有必要先説明「政治傳播」的涵義。

「古老的現象，年輕的學問」

「政治傳播」被稱為「古老的現象，年輕的學問」，是指與政治活動緊密相關的傳播行為，其基本元素離不開傳播的核心過程（Communication Process）：傳播者（Sender）→製碼（Encoding）→信息（Message）→渠道（Channel）→接收者（Receiver）→解碼（Decoding）→回饋（Feedback），這中間還難免有雜音（Noise）干擾。

政治傳播同樣追求「有效傳播」（Effective Communication），也就是傳播者所想傳播的信息，能準確透過渠道到達受眾（Audience）並被受眾接收和理解，從而達到正面改變受眾態度的效果。比如政府在政策行銷中希望民意支持，候選人在選舉中希望選民投他一票。能否有效傳播，取決於四個傳播因素：議題設定

（Agenda Setting）、內部溝通（Internal Communication）與外部溝通（External Communication）、兩級傳播（Two-step flow of communication）。在政治傳播過程中，我們要關注上述四個因素的互動，能否達至有效傳播主要取決於：1）政治傳播的主導者（Sender）能否準確定義並了解受眾；2）能否取得議題設定的主動權；3）能否在內部溝通中建立共識；4）在與外部溝通過程中，能否妥善處理意見回饋（Feedback）、噪音等內外變數。

議題設定（Agenda Setting）

「大眾媒體的最大影響力，不在改變別人想法（What to think），在告訴你應該想些什麼（What to think about）」（Cohen, 1963）。這是有關「議題設定」的經典傳播理論。一般相信大眾媒體透過調整版面、資訊量、語調等因素，來強調一個議題的重要性以引發公眾關注。這在政治傳播中，管治團隊作為整件事的主要消息源，如何透過運用不同的媒體平台，引導社會大眾認識相關議題，以達到凝聚民眾支持，助力政策推行。

管治團隊在修例事件上本來算是「開了個好頭」，把握住社會上對「潘曉穎案」的關注情緒：「殘忍殺害懷孕妙齡少女，造成一屍兩命的冷血兇徒，卻因為法律漏洞在香港逍遙法外，若不修法，將使香港成為逃犯天堂！」管治團隊在媒體上多番深刻強調這個信息，突出修例的「必要性」與「合理性」，妥善引導社會上對死者含冤待雪的憐憫情緒、對罪惡的嫉恨情緒，轉化成為支持修訂條例的社會民意基礎。

根據谷歌（Google）新聞搜尋引擎，有關「潘曉穎命案」的新聞條目，自案發以來多達 10,000 條以上，該新聞在香港與台灣，乃至整個華文傳播圈子內都引發廣泛討論，70% 以上的輿論導向都同意將兇手繩之於法。該草案在 2019 年 2 月 14 日至 3 月 4 日展開為期 20 天的首輪公眾諮詢，期間共收到約 4,500 份書面意見，當中約 3,000 份表示支持，約 1,400 份不同意。可見當時，大眾民意對修例的必要性其實是廣泛支持的，多達 66% 以上。

當政府認為在「立法動機」方面佔盡民意優勢之時，忽視了社會上的另一種聲音在「教育」社會，認為修例這一動作雖有「正當性」但也有「副作用」，那就是會削弱香港在「一國兩制」下，作為獨立司法管轄區的地位，焦點在政治層面。管治團隊沒有覺察到輿情的關注點在變化，也缺乏具有公信力的平台去引導社會議題的焦點。最終，社會議題焦點已由「法律」逐步轉移到「政治」上去，政府仍堅持自己是在做「法律上正確的事情」，最終被社會解讀為「無視民意」、「政治（制）暴力」，觸發政治風暴。

隨着事情演進，警察的執法力度備受大眾質疑，但管治團隊在議題設定上沒有回應外部因素的變化，仍繼續堅守「修法必要性」為傳播主軸，對警隊執法的爭議與民間政治訴求避而不談，使議題制定的權力，由管治團隊迅速轉到對方手中。針對警隊執法、監管問題，成為整場風波「下半場」的導火索。

管治團隊在議題設定方面處於被動，因為缺乏具傳播力（Communication Power）的媒體平台。傳播力包括「能力」與「效力」，傳播的能力着眼於傳播的硬件和到達範圍；效力則指有

關傳播的精確度與影響力。互聯網技術改寫了傳播的形式與習慣，受眾雖同樣接觸大眾媒體，但更傾向相信從「小眾社交圈子」（如Facebook、微信文章、Telegram 群組）的途徑來獲取新聞消息與觀點立場。受眾因應年齡、愛好、地域等群體在社交平台上分組，各自訴求最關注（與自己最相關）的媒體焦點，形成時下的傳媒生態。管治團隊的傳播矩陣仍主要依據報紙、電視台、網媒等傳統手段，輔以微信、Facebook 群組等，但反抗者此番已將傳播現場放在更具隱密性，更具凝聚力的 Telegram 群組、連登群組、Whatsapp 群組，傳統媒體變成輔助工具，這使對手在議題制定上，更具號召力與鼓動性。

政治傳播的內部因素

「內部溝通」（Internal Communication）指團隊內部的不同持份者就特定事件的消息交換，完善共識。良好的內部溝通可協助團隊達到「目標一致」、「行動一致」的效果，更容易說服公眾。

我們回顧可以發現，推動修例的管治團隊的內部持份者十分複雜，包括：特區政府及主要官員、建制力量（傳統愛國陣營、激進愛國團體、建制財團與紳商、政治團體與政治人物、包括自媒體在內的特定立場的傳媒）、涉港部門（主管港澳工作的港澳辦和中聯辦，統戰部等相關部門）、中央政府、內地及中央媒體（包括自媒體）等，當中不同群體對事件有多元看法，短時間內難以達成大多數陣營認同的共識，但又因為「趕時間」在沒有充分內部共識的情況下匆匆推動立法，致使團隊在面對外部衝擊時，難以還擊。

據觀察，整個管治力量中，不同持份者的觀點與利益不盡相同，未見他們在整個政策推銷的過程中體現「一致目標」。比如修例初期的 3 月，在京出席兩會的全國政協委員林建岳表示，商界關注修例會影響香港的營商環境，認為可將商業上的行政失誤等問題從修例中剔除；商界重要人物劉鑾雄甚至提請司法覆核。其後因政府在修例內容上有調整，商界才慢慢釋出支持聲音。建制派商界的聲音被接納，但同屬建制的其它持份者的意見未被考慮，這引發陣營內的不和諧。而更讓人印象深刻的是，在風波之初，大部分時間只有警隊在街頭應對暴力，記者會也往往只有行政長官、保安局局長李家超、警務處長盧偉聰等少數主要官員來應對，而特區政府在宣布「撤回」條例等關鍵時刻，其他問責班子、行會成員、建制政團完全予人「平行時空」、「無從助力」、「袖手旁觀」的印象。

　　這可能是因為領導人「一言堂」的內部溝通環境，領導人的個人意志取代了集思廣益的決策方式。褚簡寧、張寶華等多位本地政論專欄作家都有同樣的意見，認為林鄭月娥的領導風格十分強勢，以專橫獨斷的方式管治，高級官員和和政府顧問的意見都不容易被行政長官接受。其中褚簡寧甚至在 7 月初的專欄中，引述一位高級官員稱，林鄭會在內部會議斥罵那些不同意修例的自己人，坦言她不是一個容易接受不同意見的特首。由這些資訊可見，對於修例與否，政府內部有明顯的不同意見，但礙於領導人的強勢，其他不同意見選擇噤聲。

政治傳播的外因影響

　　外部溝通（External Communication）是指組織（政府）就特

定議題與外部環境的消息互動，良好的外部溝通可以爭取外部，特別是公眾的支持。「修例風波」除了上述的內部溝通問題，更重要的是管治團隊在應對外部溝通時，未能有效發現民意的快速改變，以致所做出的應對不但不能回應外界的疑慮與情緒，反倒激發更嚴重的社會對抗。

根據 2019 年 2 月的媒體分析，社會在「陳同佳案」初期普遍支持「有罪之人應受罰」的修例原則。但當政府草案推出後，社會輿論已經聚焦到條文的內容細節上去。香港社會 4 月開始對修例的立場有所改變，雖然對「修例懲惡」的大原則仍多數支持，但對於特區政府將內地、澳門與台灣一同「打包」納入可移交逃犯的地區名單，還有將審批權由立法會改為行政長官裁決的這兩個決定感到擔心。分析指出，主要因為香港社會普遍對內地司法體系缺乏認識，也因此缺乏信心，而且擔心行政長官有獨斷審批權，容易遭受「中央壓力」，故 4 月 3 日有約一萬人的反修例遊行，主要反對相關內容。

有效的外部溝通必然要因應「回饋」（Feedback）做出回應。顯然，政府並未有效回應 4 月 3 日民情對修法內容的兩點擔憂。另一個例子就是反對派議員 4 月 16 日提出要求政府撤回原有方案，同時呼籲政府針對「陳同佳案」另行修例，並加入「日落條款」，把陳同佳移交台灣後，讓修例在短期內失效，這個說法在社會上獲得不少支持，但政府一口回絕。行政長官明言不接受「日落條款」，認為反對者是出於政治偏見，因為法案涉及內地便予以反對，甚至質疑另有目的。李家超也公開反對，認為「絕不影響香港的法治與自由」、「只解決涉台命案不切實際」。

特區政府的説法無法讓民眾有所釋懷，而建制派議員在特首定調後也積極「助攻」，但所有言論都一直強調修法的動機，對民眾至為關心的兩項擔憂，無法給出具説服力的答案。中聯辦、特區政府、建制政團幾乎一面倒支持修例，「民意」與「官意」的對立始於此。

於是，4 月 28 日的反修例示威據報有 13 萬人（警方稱最多 2.3 萬人）參加，反映社會對政府的説法並不認同；5 月至少 200 間大專院校、中學和小學的校友、教職員和學生發起反修例聯署；6 月 6 日約 3,000 名（警方稱 880 人）法律界人士黑衣遊行，抗議修訂草案；6 月 9 日爆發「103 萬人大遊行」（警方指高峰有 24 萬人）。雖然抗爭的規模與社會情緒日益上升，但林鄭月娥 6 月 10 日公開拒絕就修訂草案讓步，表示感謝市民表達正反意見，將繼續推動四方面工作，該回應讓整場風波「更上層樓」。

6 月 12 日，立法會預定恢復修訂草案的二讀審議，大量示威者圍堵、佔領金鐘立法會綜合大樓周邊道路抗議，高峰時逾 4 萬人參與，其後引發暴力衝突，立法會因抗議活動推遲修訂草案的二讀辯論，林鄭月娥仍重申不會撤回，各類大小抗爭此起彼落。林鄭月娥 15 日雖宣布政府無限期「暫緩」修訂草案的議程，亦強調「初心」有理而不會撤回，最終引發「6.16 大遊行」，要求撤回修訂草案及林鄭月娥辭職下台，這場遊行據稱有 200 萬人（警方稱最高峰約 33.8 萬人），迫使政府公開道歉。林鄭月娥承認因政府工作不足出現矛盾和紛爭，就事件向市民道歉，但表明拒用「撤回」字眼，也不會辭職。

　　整場社會運動在 6 月份明顯加快節奏，主要因為民間的訴求一直被管治團隊拒絕回應，刺激民間的抗爭行動趨向更大規模，運用更激烈手段。特別在 6 月 9 日與 16 日兩場大規模遊行後焦點完全轉移：抗爭者不再關心修例與否以及修例的內容，他們要抗爭的焦點是管治團隊、特別是行政長官的態度，以及警察的強力執法。新的焦點特別是在 7 月 21 日「元朗事件」、8 月 31 日「太子地鐵站圍捕事件」後，直接引導了整場運動的主要情緒。

　　對於民間來勢洶洶的訴求，管治團隊的反應明顯慢幾拍，例如對於是否「撤回」，特區政府的立場有過多個階段的轉折：先是表明不撤回，再是說「壽終正寢（The bill is dead）」，然後又是「正式撤回」，這種回應未給市民好感，相反被勇武派宣傳為「鬥爭成果」，使管治團隊陷入被動。而同時，管治團隊內部對「撤回」與否的不同調，也為攻擊者提供了一個進攻的機會。這種情況主要原因有二：其一在於內部溝通未有共識；其二在於管治團隊長期對媒體懷有敵視與懼怕的心理。「受管控」的媒體長期在自由市場競爭中，其傳播力明顯處於劣勢，而對於「非受管控」的媒體，管治團隊又長期持有對立態度，以致己方的聲音不能在社會中被廣泛聽到。

　　管治團隊在整場風波中未能就民間的「五大訴求」等政治訴求作出回應或疏導，反倒將對外傳播的焦點放在「打擊外國勢力」、「反暴力撐警隊」、「鬥爭港獨」、「民生經濟」，就算是林鄭舉行公眾交流會，也無法直接回應相關訴求，這種態度被認為是「無視民意」，是持續推動社會運動的主因之一。

兩級傳播理論（Two-step flow of communication）

人際傳播的重新建構

拉扎斯菲爾德（P.F.Lazasfeld,1940）等人歸納出來的理論，發現信息從大眾媒介到受眾，經過了兩個階段：首先從大眾傳播到意見領袖，再傳到社會大眾。這個理論相信，在傳播環境中，人際傳播比大眾傳播，更可能改變受眾的態度，而意見領袖也具有影響民意的功效。

在這次的社會運動中，人際傳播寄託在 Telegram、連登等虛擬社交平台上重新建構，發揮出的功效較傳統大眾媒體更具動員能力，甚至可以快速調整運動的實際行動方向。這成為社會運動的新模式，例如在連登發布活動，在 Telegram 討論遊行的路線與策略等，決定示威現場的實際行動。

最經典的例子是示威者預告 8 月 11 日要到福建人聚居的北角「教訓福建人」。由於消息在網上已醞釀幾天，甚至有部分激進發言聲言要「血洗北角」，消息觸動閩籍鄉親的神經。筆者當天全天在北角現場觀察，也密切分析各大資訊平台上的相關消息，發現示威者在不同的加密群組中分組討論行動策略，並有部分策略實際在現場發生。

當天清晨，一批勇武暴徒原計劃從維園集合後沿英皇道進擊北角，位於天后的福建社團聯會、炮台山的聯合出版大廈、堡壘街的晉江社團總會、明園西街的香港第一青年會義工團以及英皇道的新光戲院，是示威者點名要「裝修」（破壞）的地點。但由於警方現

香港顏色密碼

場的佈防嚴密，阻擾示威者從英皇道進入北角地區，加上針對福建人的言論激起了閩籍鄉親的團結情緒，據稱有超過 5,000 人特意從世界各地以及香港其它地區趕到北角，聚集在各大同鄉會會所，防止暴徒鬧事。

當天上午，自炮台山到鰂魚涌的英皇道街頭人聲鼎沸，有示威者凌晨在健威花園對開天橋掛出針對福建人的橫幅，但不到 15 分鐘便被一名自稱「石獅男子」的人拆除，並將過程拍成短片在網上流傳。有關短片在 Telegram 引發關注，各大群組開始認為進攻北角必有惡戰，開始討論應如何調整進攻北角的戰略，最後決定派出幾隊零星的勇武突破警察防線探路。

到中午時分再傳出一批閩籍鄉親聚集在富臨酒家，《蘋果日報》等媒體形容是福建人在「備戰」，加上路邊聚集的人愈來愈多，消息在連登、TG 引發一輪熱論後，勇武隊在下午大約 4 點決定兵分兩路，一路繞東廊前往太古城，另一隊往銅鑼灣方向，最終放棄進入北角。透過虛擬平台重新建構人際傳播關係，在這次的社會運動中扮演極重要角色，在現實生活中完全不認識的人，透過虛擬平台建立信任並直接討論決定行動的方向。

意見領袖有負面作用？

意見領袖（KOL）也在整場運動中發揮作用，「藍絲」（建制派）「黃絲」（反對派）陣營都湧現不同影響力的意見領袖，例如「藍絲」何君堯、光頭警長劉澤基與「黃絲」的何韻詩、黃之鋒等。隨着運動的發展，社會上的對立意見日益嚴重，意見領袖應有引導民意、創造共識的社會責任。共識是指不同持份者就爭議性議題，經討論、

溝通和妥協後，得出社會大多數認可的共同結論或取向，但從實際的事情演進可見，雙方的言論似乎都沒有朝向「共識」的方向發展。

其中，因 7 月 30 日晚在葵涌警署外警民衝突「一戰成名」的光頭警長，迅速在此後成為藍營意見領袖，不但獲邀前往北京參加 70 周年國慶典禮，更開設官方微博發表時評和政見，風頭一時無兩。其言論包括質疑香港司法機構縱容和輕判示威者（10 月 7 日）、批評行政長官「不懂政治」（10 月 21 日）；而何君堯也曾多次發表受爭議言論，如 7 月 20 日呼籲鄉民要把到元朗搞事的示威者「打到片甲不留」，結果 21 日的「元朗事件」後，他被指是始作俑者之一，而 10 月 15 日在議會中回應毛孟靜發言時指稱對方「食慣洋腸」，再次令輿論譁然。

身為意見領袖，未能好好善用自身的輿論影響力，提出實際可行的建議，卻發表誇張言論，或者表達情緒性的指控，特別是罔顧自己是執法者、立法者的身分，對政府、司法機關發表片面性的指控，對調和大局，凝聚共識毫無益處可言。截至 10 月 31 日，劉澤基的微博粉絲超過 88 萬人，所發帖子獲數以萬計點讚，數以千計的轉發，可謂達到「專業公關」級數。可是這條個人主義的文宣路線，只捧紅了他在內地的人氣，在香港輿論中並不受用，無法做到調和大局，凝聚共識。

同樣的情況，也發生在「黃絲」陣營，黃之鋒、何韻詩等意見領袖拒絕就社會分歧與管治團隊理性溝通，反倒主動將事件推往國際政治層面，尋求英國、美國、歐盟介入香港內部事務。筆者曾批評他們這種「以夷制華救香港」的方法是「入錯廟拜錯神」，若非

別有用心，很難理性解釋這種行為的動機。

運動至今已逾半年，社會民意仍趨向高度對立，在可見的未來達成協議的希望渺茫。

結語

從傳播的角度來看，反對派在整場運動的社會動員能力，遠遠超過管治團隊。上文嘗試從傳播理論來整理雙方在整個進程中的傳播動作，我們發現，雙方對「主要受眾」（Key Audience）的界定、解讀都截然不同。

民主黨前立法會議員劉慧卿說，香港人有底線，未必要民主，但不能沒有言論及人身自由。其實，這城市的成年人政治保守，緊抱華人思維，最看重是社會穩定和法治廉潔，讓他們繼續搵錢經濟繁榮。這些想法，數十年沒有改變。同樣是訴求「穩定與經濟成長」，反對派在風波初期只「主打」一個信息：「會捉去內地坐牢」，然後圍繞這信息解釋條例，成功令大批中產市民走上街頭。

管治團隊溝通的對象不只是香港市民，還包括內地同胞，將事情上升至「國家層面」，強調「一國」意識，文宣中強調「國家大局」、「政治鬥爭」、「經濟成長」、「社會穩定」，對香港社會的民主制度訴求卻避而不談。這種將香港事務與國家大局混為一談的論點，雖能得到內地社會的支持，但顯然與香港社會有距離。管治團隊在這次風波中，未能有效解釋條例本地法院如何把關，亦未能簡要說明多項相關修訂中，為何獨獨因應商界要求，把多項經濟

罪行豁免於條例以外。明顯地，政府今次以「陳同佳案」為理由提修訂的過程草率，未有詳細的公關宣傳與公眾教育計劃配合，以致修例的「良好開局」迅速變成被動形勢。

莊子有所謂「無用之用，是為大用」，政治傳播工作在無形之中影響着香港社會的每一個持份者。從這次的「反修例風波」當中，我們可見中央與特區兩級管治團隊之間，管治團隊的部門之間都出現不同程度的溝通障礙，管治團隊與社會之間更甚。無法暢通「民情」與「官意」，是特區政府長期存在的問題，在這次帶給社會極大的震撼。

修訂《逃犯條例》本是一次常見的政策行銷，但管治團隊既沒有廣泛了解民意，也不能使市民廣泛了解政策的內容（包括其影響），最終導致民意誤解政策，並且又因一連串回應失誤激發強烈的社會情緒。而管治團隊無法準確應對民意的變動，特別在做出重要決策時也經常誤判民意，一連串不同程度的錯誤政治（政策）決定，衝擊市民對管治團隊的信任感與親近感，是造成社會撕裂的開端。

「羅馬不是一天建成的」，回看回歸後的多場社會風波，社會撕裂一次比一次嚴重，管治力量在過往每一場風波之後，都沒有成功修補與大多數民眾的親近感與信任感，這次「反修例風波」引發災難性後果，直接衝擊「一國兩制」的根本國策。如何用「政治傳播」來梳理「政治災難」是當前管治團隊應該深思的一個問題。

回歸後最大的政治災難是如何引爆的？

——探討「政治傳播」的無用之用

第二章

暴亂進行時

「新女媧補天」為何失敗？

周八駿　香港資深評論員

2017 年 3 月香港特別行政區第五任行政長官選舉前夕，李嘉誠在長和集團業績會上，以支持「女媧補天」含蓄地表示，他所心儀的行政長官人選，是 3 名候選人中唯一女性林鄭月娥。幾乎同時，林鄭月娥公開向香港居民承諾，她如當選，則將以修補香港社會政治分裂為首要任務。

兩年後的 2019 年，林鄭月娥主導修訂《逃犯條例》和《刑事事宜相互法律協助條例》，卻使香港社會政治分裂加劇，這應當是林鄭月娥本人始料未及的。

哪些因素使「新女媧補天」失敗？這裏，選取 3 個重要日子，略做剖析。

2019 年 6 月 15 日：退卻，卻仍存幻想

2019 年 6 月 9 日，香港的「拒中抗共」政治勢力發動數十萬人參加的大遊行，反對特區政府修訂《逃犯條例》和《刑事事宜相互法律協助條例》。翌日，特區政府重申，有關修訂議案將在 6 月 12 日提交立法會進行二讀，並將在一周內完成審議和表決通過。

6 月 12 日，在特區政府總部和立法會所在地金鐘，數以萬計示威者，佔據和堵塞馬路，癱瘓交通。下午 3 時後，一小撮暴徒多次衝擊警方防線，使用削尖的鐵枝和從馬路上撬起的磚攻擊警察，甚至放火，破壞附近公共設施。特區警方將事件定性為「暴動」，使

香港顏色密碼

用了催淚彈、橡膠子彈、布袋彈。傍晚，林鄭月娥發表電視講話，嚴厲譴責：「今天整日，在金鐘一帶，大家都見到令人痛心的場面。這些破壞社會安寧、罔顧法紀的暴動行為，任何文明、法治社會都不能容忍。很清晰，這已經不是和平集會，而是公然、有組織地發動暴動，亦不可能是愛護香港的行為。」林鄭月娥表示：「請大家靜心想一想，這些騷亂場面近年已不是第一次。香港是自由、開放、多元的社會，對任何事情都會有不同意見，但不論贊成、反對，表達意見的方式都有底線。如果用激進、暴力的手段就可以達到目的，這些場面只會愈演愈烈，肯定對香港帶來傷害。」這番話透露的信息是，面對反對派發動暴動，特區政府修訂《逃犯條例》和《刑事事宜相互法律協助條例》的意志不動搖。

但是，只過了兩天，6月15日下午，林鄭月娥退卻了。她宣布：「特區政府決定暫緩修例工作，重新與社會各界溝通，做更多的解說，聽更多不同意見。我想強調政府是以開放的態度全面聆聽社會對條例草案的意見。保安局局長今日會致函立法會主席，收回就條例草案恢復二讀辯論的預告。換句話說，立法會大會就處理條例草案的工作會暫停，直至我們完成溝通、解說及聆聽意見為止。我們無意就這些工作設下時限；並且承諾會在整合意見後，向立法會保安事務委員會匯報及徵詢議員意見，然後才會決定下一步的工作。」

林鄭月娥為何轉軌？確切答案有待今後特區相關檔案解密和相關人士發表回憶錄。然而，她的行政會議若干成員當時輕描淡寫地稱，暫緩修例後香港可以再出發。嗣後，媒體披露，其問責團隊召開集思會，判斷政府的經濟民生政策仍可以取得民意支持。這兩點反映，當時特區政府仍舊自信，只要遂了反對派反對修例之意，行

政長官及其管治班子仍能管治下去。

無情的事實很快證明，這是幻想。

2019 年 9 月 4 日：過於示弱

「拒中抗共」政治勢力不僅沒有因為政府暫緩修例而收手，相反，得寸進尺，提出「五大訴求、缺一不可」。

2019 年 7 月 1 日，香港回歸祖國 22 周年，暴徒竟然攻入立法會大樓肆意破壞，塗污特區區徽；並且，把立法會大樓外旗杆上的國旗換成黑旗，並連同特區區旗一起降半旗。

然而，面對「拒中抗共」政治勢力愈益猖獗的暴亂，特區政府又後退。7 月 9 日，行政長官宣布，修訂《逃犯條例》和《刑事事宜相互法律協助條例》的政府議案「已死」（The bill is dead.）。

但是，無情的事實再次證明，委曲不能求全，姑息只能養奸。

7 月 21 日，「拒中抗共」政治勢力圍攻中央人民政府駐香港特別行政區聯絡辦公室（中聯辦）大樓，塗污國徽，塗寫侮辱中華民族的字句，並且，重喊 2016 年春節旺角暴亂時暴徒所喊的「港獨」口號——「光復香港、時代革命」。

中央有關部門和中央媒體自 8 月上旬以來反覆強調，反對修訂《逃犯條例》和《刑事事宜相互法律協助條例》的政治風波，是由

美國策動、台獨勢力積極參與的「顏色革命」。

但是，特區政府選擇一再讓步。9月4日下午4時，行政長官經各家電視台發表預先錄製的向香港居民的視頻講話，宣布特區政府正式撤回修訂《逃犯條例》和《刑事事宜相互法律協助條例》的條例草案。這是一個過於示弱的決定。有關條例草案已被宣布「死亡」，再宣布「撤回」豈非如同任人「鞭屍」？

古代傳說中的「女媧補天」，是精煉五彩之石補蒼穹之窟窿，盡心盡力，終竟其功。現實生活中，香港特別行政區「新女媧」向捅破了香港蒼穹的「拒中抗共」政治勢力一再退讓，注定「補天」失敗。

2019 年 10 月 4 日：心勞力拙

「拒中抗共」政治勢力氣焰更加囂張，暴徒把特區的窟窿捅得更大。2019 年 10 月 1 日，美國《外交政策》（Foreign Policy）的早晨簡訊稱，北京慶祝中華人民共和國 70 周年國慶之際，香港發生叛亂（Beijing celebrates as Hong Kong revolts）。

林鄭月娥在國慶前夕仍拒絕社會人士關於啓用《緊急情況規例條例》的建議。迫於國慶日香港空前暴亂之形勢，她在 10 月 4 日上午召開行政會議特別會議，下午宣布，特區政府根據《緊急情況規例條例》（第 241 章）因應危害公共安全而訂立《禁止蒙面規例》，以禁止在《公安條例》（第 245 章）所規範的公眾集會和遊行中，以及在非法集結、未經批准集結和暴動中使用蒙面物品。

《緊急情況規例條例》，顧名思義，是因應「緊急情況」，林鄭月娥卻特地說明，特區政府根據《緊急情況規例條例》訂立《禁止蒙面規例》，並不意味着香港進入了「緊急狀態」。

她沒有解釋「緊急狀態」與「緊急情況」究竟有何區別。但是，10月5日《禁止蒙面規例》生效第一天，「蒙面」暴徒公然蔑視該法律，對香港實施了自二次大戰結束以來最嚴重的蹂躪。

10月5日夜22時23分，香港警方發新聞稿宣布——有示威者繼續在全港流竄，包括香港仔、小西灣、油麻地、旺角、將軍澳、大埔、元朗和天水圍多區，大肆堵路，破壞商舖和公物，嚴重破壞社會安寧。警方警告示威者立即停止所有違法行為及離開。附近市民應盡快離開，保障自身安全。

10月6日，港島、九龍自發遊行演變成大規模堵路、縱火、破壞香港鐵路設施以及損毀公私財產的暴亂。多個大型商場被迫停業。全線7-11便利店以及惠康和百佳等超市的大部分分店都提早關門。中資機構、中資企業以及被認為支援香港警方的商店繼續遭受破壞。九龍遊行的示威者入夜後行至九龍塘，晚上約7時半以鐳射筆和電筒閃光射向解放軍駐港部隊東九龍軍營。軍營內有穿軍服者一度舉起「黃旗」，上面寫着「警告，你正違反法例，可能被檢控」，並以揚聲器警告示威者「後果自負」。

有一種觀點：不能期望《禁止蒙面規例》立竿見影。問題是，該法律生效後，暴亂更加惡化。由以往燒和打，惡化為打、燒和砸。砸毀的對象，是中資機構和香港本地公開支持警方的機構，政治意

圖十分清晰。暴亂由之前游擊各處，轉變為香港各地同時開花。公共交通和金融機構，尤其中資金融機構成暴亂襲擊的重點。暴力行為「私了」現象加劇。面對暴亂急速升級，香港居民開始滋生恐慌情緒。在暴亂不斷惡化的陰霾籠罩下，香港旅遊發展局被迫取消原定 10 月 13 日舉行的「香港單車節」和原定 10 月 31 日至 11 月 3 日舉行的「香港美酒佳餚巡禮」。

從 9 月 4 日宣布撤回修訂《逃犯條例》和《刑事事宜相互法律協助條例》的條例草案，到 10 月 4 日制定《禁止蒙面規例》，短短一個月香港政局演變證明，對「拒中抗共」政治勢力退讓，在政治上不啻「與虎謀皮」。

從 2019 年 6 月 9 日之後持續一百多天的暴亂，暴露特區政府心勞力拙。在黑色暴力未被平息之際，香港特別行政區於 2019 年 11 月 24 舉行第六屆區議會投票，結果，「拒中抗共」政治勢力大勝，香港特別行政區的「天」被捅破了更大的窟窿。

香港警察：夜空中最亮的星

江　迅　《亞洲週刊》副總編輯

人的表達慾總要尋找宣泄渠道。這原本正是我想說想寫的。

《亞洲週刊》2020 年第 2 期（香港 1 月 2 日出版），封面故事：香港警察被選為《亞洲週刊》2019 年風雲人物。

你或許撐警，你或許黑警，你可以愛他，你可以恨他，但你無法否認，剛剛過去的一年，香港警察是香港歷史進程的主推手。我為這專題寫了 16,000 字。在我寫作的那兩天，香港正傳唱着一首歌《夜空中最亮的星》，把「夜空中最亮的星」獻給香港警察。我那專題的主題是說，在關鍵時刻，忍辱負重的香港警察影響了歷史進程，守護着香港的法治。他們是香港社會的「定海神針」，是香港市民福祉的「守護天使」。香港警察是 2019 年最被扭曲、被辱罵的群體，也是最被仰賴、最被敬重的群體。在半年來香港政治風暴中，讓香港人尋回免於恐懼的自由。

這期雜誌出版後的第 3 天，即 1 月 4 日，多位朋友就傳給我 1 月 3 日上午（加拿大時間）香港天地圖書公司前總編輯顏純鈎的《與邱立本、江迅絕交書》，發在他臉書上，洋洋灑灑 2,000 字，諸多社交媒體和傳統報紙紛紛轉載或摘要發表。

他寫道：「《亞洲週刊》最新一期以香港警察為封面，譽無法無天的黑警為『2019 年度風雲人物』，這件事做得太過分了，我已經無法說服自己再將你們視為朋友，如今就以這封公開信，與你們絕交……我們為自由可以不愛國，你們卻為愛國可以不自由；你們

生活在尚有自由的地方，情願放棄自由，我們生活在不能不愛國的地方，卻敢於不愛國……俗話說，你交什麼樣的朋友，你就是什麼樣的人。在香港人為自己的命運拚死抗爭的當下，我如果還當你們是朋友，我的人格就有問題了，我愛護自己的人格勝過愛護自己的生命，因此與你們絕交是我唯一的選擇。」

很多朋友憤憤不平轉給我，很多朋友催我撰文反擊。當時我正為台灣大選的事忙着，顧不上它。今天在一些香港人心目中，「反共等於民主，反華就是自由」成了信條，是這個社會一種厚厚的大氣層。我很欣賞一位朋友在網上撰寫的《顏純鈎應該與14億中國人絕交》。他可以「為了自由不愛國」，我愛國當然願意失去一些自由，老媽有很多缺點，國家有很多不足，但我不會拋棄她。老顏（20多年的習慣稱呼）兩三年前從香港移民加拿大，此後已交往不多。我始終覺得，只要人品好，觀點、立場不是交友的唯一條件，一些持反共立場的朋友，30多年來依舊來往頻繁，我們互相視為兄弟兄妹。即使不想再做朋友，你可以淡化而疏遠，如此寫長文公示絕交，只是他的一種有點迫不及待而唯恐被人遺忘的立場宣示而已。

這封絕交信發表的翌日，台灣的一位20多年的女性朋友也私底下微信我：「這幾個月來，因為反送中的關係開始比較關注香港新聞，才開始仔細看了你寫的文章，看完覺得很想罵人，真是可笑又××！我想來想去，覺得你要不就是有政治任務，要不就是和我是完全不同的人，還有就是我以前太天真了，不管是哪一種可能，我想我們以後還是別見面了，這樣至少還能保有不錯的回憶，應該是最完美的句點了……所以請不要再聯絡，否則連回憶也都會變成醜陋的了。」

我是個重情義的人。因為我讚譽香港警察而與我絕交的有四五位，我不解，我傷心。我知道會有一些朋友也因此離我而去，春節期間我都不敢主動與朋友聯絡，我不想知道又少了一位朋友。有人說，用一個微信軟件檢測一下哪個朋友把我拉黑了，我都不願意這麼做，怕知道又一個朋友離去。

虛幻的縹緲強過現實的冷酷。不過，我絕不後悔。

我深知，人生路上稍一軟弱就走不下去了。由此，將失去自我，將在這個世界上了無痕跡。人生能有幾多時間，人完全不必為別人而活。做人要有底線。坦坦蕩蕩，頂住逆襲。我撐警，因而失去了一些朋友；我撐警，又有更多的朋友走近身邊。林志偉就是其中一位。

我的心目中，世界一經打開，便收不起來了：香港警察的世界。

鐵漢柔情：一種濃得化不開的正義感和使命感

香港地鐵太子站，界限街，西洋菜北街，這一帶常常是這一陣黑衣暴徒施虐的場所。早在 1948 年就啟用的警察體育遊樂會，也成了暴徒一再攻擊的目標。

走近遊樂會，兩米高的白色水馬，即「充水式屏障」，一排排豎立，遮掩保護着遊樂會所外牆和大門。香港警隊之員佐級協會主席林志偉，第一次踏進這體育遊樂會是上世紀 80 年代的一天。

香港顏色密碼

　　他是 1984 年讀完預科，在銷售網球拍的運動物品公司工作一年多，人工不低，月薪有 4,000 港元，當時做警察的收入是達不到這個水準的。翌年，他卻選擇加入警隊，那是觀賞了電視劇《新紮師兄》，這是無綫電視翡翠台時裝警隊劇集系列，這部青春勵志劇，是當年 TVB 十大全球最高收視率劇集之一，在香港首播時引起轟動，令當時投考警察人數大增。當年深入香港人心的是《警察故事》和《陀槍師姐》等港產片裏的警察形象。劇中，警察高效、敬業、獨立、忠誠，很多人至今難忘。1984 年 10 月起，每天晚上 7 點，林志偉就和父母、奶奶、阿姨、舅父好多家人一起，守候在電視機前追劇。記憶中，他這個大家庭的電視機是彩色的。他至今還會吟唱劇中主題曲《伴我啟航》：哪吒不怕海龍王，幼獅不畏虎和狼……過去香港有一種「後生仔不當差」的說法。不過，他看了《新紮師兄》就有一種做警察的衝動，警察身上的正義感和使命感令他嚮往。1984 年 11 月他投考警隊，12 月就入警隊訓練，一做至今 35 年。

　　2019 年 12 月底的一天下午，相約他在遊樂會訪談。我與他初識是在 6 月 25 日，那是這場「反修例」風波半個月之際，在石硤尾警署辦公室，我對他作獨家專訪。

　　林志偉說，他大部分同袍每天逾時工作，至少 16、17 個小時以上，前線警察連踩 30 多小時「不眠不休」已屬常態，沒時間顧及家庭，對家的歉疚、對父母的歉疚、對子女的歉疚、對朋友的歉疚。香港 3 萬警察，這類事在幾萬個警察家庭發生，家人都顧全大局，知道他們的親人正面對一個香港前所未有的嚴重事件，他們的另一半正在參與香港一個前所未有的正義行動。林志偉說，「這種看似平淡如白開水的事情，每日都在幾萬個家庭中發生。雖看似平淡，

但想想其中的辛酸，那種酸甜苦辣，同家人的糾葛，不只是我一個人在經歷，是這麼多個家庭每日發生的事情」。

這是一種濃得化不開的正義感和使命感。

説到這裏，林志偉哽咽了，一個「陀槍」的男人，紅了眼眶，淌了淚水，鐵漢盡顯柔情。俗語説，「男兒有淚不輕彈」。男人總是被描述為有剛強的外表與鋼鐵的心，對於許多事物的感受，通常都不會輕易外顯。

遞他一杯咖啡、一張紙巾。他頓了頓，緩緩地，一個字一個字説，「沒有辦法，如果我們警察不作出犧牲，還有誰能走到這一步呢？如此付出的，只有我們警察了，警察是維持香港社會穩定的最後一道防線，維護法治和社會治安責無旁貸」。

問及對於現在香港警察與市民嚴重的撕裂情況，林志偉認為，警察與香港市民不是對立面，只是有部分市民不了解警察的工作，也不願意了解警察的工作，更有被他人誤導而質疑警察的工作。「實際上，香港極大部分人都在支持我們。過往 10 幾天，我收到幾百個陌生人的口信，雖然其中個別是罵我的，但大多都鼓勵我們：『主席，希望您撐住……一定能渡過這個難關。』這是對我們很大的鼓勵。同時，我也收到 30 多個陌生人電話，説了許多支持我們的話。」他認為，一些本該在議會裏面論政、論事、解困紓民的意見領袖，不應走上街頭鼓動年輕人非法集結，去做違反香港法律的事，並將其行為美化為追求自由、民主的方式。

香港之寶：法治精神。法治是香港繁榮穩定的一個基石。這是香港社會最重要的核心價值之一，不容褻瀆。作為協會主席，他也鼓勵同事在如此困難、複雜、嚴苛的環境下，在一個不知有多強大的對手前，只要不忘記警察的初心和目標——維持香港法治，維持香港穩定，保護香港市民，定能渡過難關。

早些日子，那是 9 月 2 日，原本約定傍晚與林志偉面聚，問他能否一起簡餐，他坦然說，傍晚採訪完想回家吃。6 月以來，為對付「黑衣暴力」，工作太忙，好久沒回家吃晚飯了，想回家與家人一起吃，他都想不起之前是哪天在家與家人吃飯的了。到傍晚，林志偉來電話稱，有突發事件，他沒法按時赴約面談了，再三商議，採訪安排在晚上 9 點半以後。他這位「主席」，只是香港警隊的代表，用他的話說，「我只是香港 3 萬名警察的代表而已，我中有他們，他們中有我」。

談到在止暴制亂最前線，沒有警察打退堂鼓，或者說站到對方陣營去。他說，3 萬警察在這次事件中沒有分離過，沒有人投降，這其中的原因之一就是警察有優秀的素質，對社會有承擔，對這份工作有自豪感。警察遭遇暴徒圍毆，遭遇一些不明真相的市民謾罵，能表現出讓人們，包括很多外國朋友都難以理解的克制與包容，是有深刻的原因的。在這場暴亂中，警察處理的謀略、手段、程式，處理時的情緒，一再表明我們的目的就是止暴制亂，就是想守護這個被視為「家」的香港。所有警察都將中國管轄的香港，視為自己的「根」和自己的「家」。我們止暴制亂的行動就是想保護、珍惜和愛護香港，保護香港的人與物。

林志偉說：「我相信，對任何人而言，當你珍惜愛護一樣東西時，你都會以最大包容的心態去處理。透過這幾個月，你們可以看到，在止暴制亂中，香港警察是就是以最大包容心來處理的。我們在處理暴動的這麼長時間裏，竟然沒有因為警察的原因而死一個人，全世界都感到不可思議。」

遭遇割頸：打開天安門賀卡，真的很漂亮

這是另一位英雄。12 月 20 日，也是在警察體育遊樂會，餐廳室外咖啡座。在醫院再次做聲帶手術的警長阿力（化名）剛剛出院，翌日就在妻子陪同下赴約接受我專訪。他的聲音微弱沙啞，唯有靠近才能聽清，便裝下的面容顯得憔悴。

那是令人揪心的一幕。10 月 13 日，他奉召到觀塘港鐵站執勤，處理一宗刑事毀壞案件。準備離開時，一群黑衣人尾隨叫囂，嘈雜的人群中，突然伸出一隻持刀的手，直刺阿力頸部。他感覺被劃了一下，回頭看見一隻黑衣手拿着刀，於是馬上趨前截住他，制服了那個黑衣人。他回憶受傷那一刻：「只是感覺到頸部被人割了一下，最初痛感不是那麼強烈。」直到發覺自己的衣服被血浸濕了，他才看到自己腳下的地上都是血。阿力才下意識按住傷口，同袍也都圍過來，看到身邊的同事很緊張，他才明白自己傷勢或許很嚴重。「當時同事都過來幫我卸掉裝備、頭盔，想找有什麼乾淨的布幫我按住傷口。我腦海裏沒想任何事，只覺得周圍很吵。到了醫院，我都沒感覺自己會死，當看到我太太來了，我才在想，會不會自己要走了，留下太太和孩子。」

到了醫院，醫生的診斷證實：他的右頸被割開一道深 5 厘米的傷口，靜脈及迷走神經線被割斷，幸運的是沒有割到頸動脈，才撿回一條命，在鬼門關死裏逃生，但卻喪失了原有聲線。由於迷走神經支配呼吸系統、消化系統的絕大部分和心臟等器官的感覺，受損後影響吞嚥和呼吸，導致阿力經常咳嗽，胃部有胃酸倒流，神經還需要慢慢生長，右聲帶有些萎縮，造成阿力講話沒氣，聲帶康復需時較久，至少要接受半年的語言治療。手術成功，靜脈和神經線重新接上。此後幾天，阿力躺在重症監護室，才感受到強烈的真痛。他回憶説：「我雙手被綁住，因為醫護人員擔心我會抓到傷口。醫生用嗎啡幫我止痛。藥效過後，從未有過的那種痛，我不知道怎麼形容。」

阿力接受訪談，妻子阿 May 在一旁聽着。她又浮現心有餘悸的擔憂神色。她説，當天她正在家帶兩個孩子，大的孩子才 6 歲。她嚅嚅道，「他同事的太太打電話給我，説他們那隊有人受了重傷，讓我趕緊打給老公看一看，我就即刻打電話，卻沒人聽，後來接到他同事用他手機打來的電話説他受傷了，我趕緊趕到醫院，那時他跟我講話聲音已經沒氣了，之後做手術，等了 4 個小時才推出來，我忍不住哭了很久。差一點點，兩個孩子就沒了爸爸」。她抹着眼淚，陽光下的咖啡座，樹上鳥兒低鳴。

阿力接過話題説，希望自己能盡快回到前線和同事一起繼續抗暴。阿力中學畢業就報考警察，20 多年的警察生涯，由初級警員做起，接受過兩次機動部隊防暴訓練。「這半年來，同事顯得更為團結，前線同事身心壓力很大，我們有專業訓練，針對暴徒致命的暴力行徑，我們使用武力是相當克制的，完全是被動的。」

仇警歪理持續滋長數月，香港不時出現落單警察遭暴徒圍攻的情況。作為衝鋒隊的一名警長，阿力每次帶隊出勤都擔心有同事因掉隊而遇襲，因此通常安排同事先行，自己殿後。「我要確保我的隊員齊齊整整地離開，所以我要留守到最後」，他說，即使自己受襲，但如果讓他重新選擇，他仍會這樣做。

　　警員需長時間執勤，這半年來成了日常事。阿力也不例外，他30多個小時「不眠不休」執勤，回家休息 5 個小時後又再上班，「我們正常執勤是 10 至 12 個小時，但這半年來真的是很辛苦，可以說站着都能睡着，唯有用意志強迫自己撐住」。阿 May 說，「我每天都擔心他撐不下去。每次他執勤完回家休息，我都盡可能帶兩個小孩上街，以免嘈吵聲影響他睡眠」。

　　用鎅刀割右頸的施襲者許添力只是 18 歲的高中生，他生於內地，9 歲移居香港，正就讀中六，於 2020 年 3 月應考文憑試。那天在東區裁判法院應訊，被控一項有意圖傷人罪，裁判官最終拒絕保釋申請。現場竟然有數十人到庭旁聽以示聲援，散庭時他們還向被告大叫「加油，撐住」。

　　對於襲擊他的是個 18 歲青年，阿力說，他沒有「恨意」，不會憤怒抱怨，只是不明白對方為什麼要這樣做。他說，「這幾個月，有些大學生、中學生用很暴力的手段襲擊警察和無辜市民，破壞商舖。不理解為何他們會這麼顛倒是非，用暴力解決問題。他們失去常性，被人利用。有人說他們是因為對香港絕望，但不論什麼原因，都不應該用暴力來解決，我覺得還是香港的教育制度出了問題」。

香港顏色密碼

阿力希望香港盡快回復和平。「維護法紀、除暴安良，是我工作，任何地方都沒可能沒有警隊，香港是我家，我一定好好守護」，他堅定地說，「我不會退不會縮，希望社會能反思，為什麼允許仇警思想蔓延？任由不實信息傳播？」警察是執法者，並不涉及任何的政治爭執，「有人犯法，我們就要處理」。

阿力當時被送往聯合醫院接受手術，由於沒有安靜的私人病房休養，只能躺在 8 人的大病房，他們想轉去私家醫院，但很多醫生不願意治療警察病人。倍感無助之時，最終是員佐級協會幫忙找到醫生治療，阿力才轉到私家醫院。阿力說，很多警察受傷，警察部福利組都提供了支援，「我受傷後有很多同事來支持我，為我提供很多醫療手段，很感謝他們」。這些日子裏，不少內地網民紛紛捎來問候與祝福。阿 May 展示一張帶來的立體天安門賀卡，她輕輕打開，展露笑容：「這個真的很漂亮，我們會珍藏的。」

家國情懷：縱然被年輕人暴襲，也不帶一絲恨意

暴徒武力不斷升級，這場風波頭 7 個月，1,000 多場示威中，往往伴有暴力衝擊，針對警察的又都是致命暴力，前線警察有 544 名警員在行動中受傷，頻遭生命威脅。與在觀塘被暴徒割頸的阿力一樣，被汽油彈擊中的警員阿橋也是命懸一線的重傷者。

10 月 4 日，在元朗遭暴徒圍毆擲汽油彈擊中的商業罪案調查科警員阿橋（化名）事後回憶說，當第一枚汽油彈在腳邊爆破後，他整個人身陷火海，火舌比他人還高，好在一瞬即逝，只造成手部一級燒傷。11 月初他在《警聲》撰文稱，「眼前大多是一二十歲的年

輕人，面對他們，我不帶恐懼，縱然受襲，也不帶一絲恨意⋯⋯我能理解真正的暴力，並不是我眼前的年輕人，而是隱藏背後，坐收漁人之利的鼓動者」。

10月1日，屯門有大批暴徒用鏹水槍及通渠水彈等新招突襲警方。不少警員雖穿上厚厚制服，仍被通渠水腐蝕受傷。有警員被通渠水射中，致身上及背部大範圍受傷，全身通紅脫皮，有警員的手指被通渠水濺中，制服似被腐蝕燒焦。警方指出，屯門有警員被腐液淋中致身體多個部位3級嚴重灼傷，右手神經壞死，急需植皮手術。時隔34天，11月5日，遭潑腐蝕性液體的警員「小虎」（化名），在微博貼圖，展示經植皮後逐漸康復的手臂，表示會「堅持下去」。他不願意依賴藥物止痛，倒不如清清醒醒去感受一下這過程。這些日子是常人難以想像的痛苦，堅強的「小虎」未因此掉一滴眼淚，但受訪時談到在前線的同袍，卻自責、擔憂而哽咽。

負傷面對過千暴徒、仍能克制冷靜的「光頭警長」劉澤基，跨入新年就47歲了。劉澤基出身警察世家，19歲便加入警隊。如今的他，在香港，在內地，可謂家喻戶曉。

7月30日，葵涌警署被圍堵，晚上指揮中心要求他的小隊救援一名因政見不同而被圍毆的男子，他們步出警署外已被激烈推撞，暴徒不時投擲水樽、棍等雜物。混亂期間，他與其他隊員失散，他只是和另一同袍一起。他被推跌，遭拳打腳踢，頭盔被搶，有暴徒企圖搶走他的佩槍，於是他毅然擎槍警告，雷明登霰彈槍內只是布袋彈，雖不會致命，但他想到自己身為人父，眼前在襲擊他的這些年輕人也是別人家的孩子，只是心痛他們被誤導而訴諸暴力。當他

一擎槍便嚇退這幫暴徒，他便沒扣下扳機，最終與同袍在葵芳站成功匯合。

他擎槍嚇退一群暴徒的英姿照片迅即在網絡廣傳。之前那 3 個月，劉澤基多次受傷，被搞事者用鐳射槍射傷右眼，被暴徒磚塊擊中而膝蓋裂碎。香港警隊 10 人獲邀去北京國慶觀禮，劉澤基是其中一名。10 月 2 日上午，他們應邀去廣電總局觀賞電影《我和我的祖國》，當電影中「回歸篇」五星紅旗不差一秒高高升起在維多利亞之畔一幕時，光頭警長和他的幾位同袍，都拿出紙巾輕抹眼角。

西九龍總區指揮官卓孝業剛剛退休，過去的幾個月，他經常現身警方下午 4 點記者會，因而為港人所熟知。那天，他談到同袍夜以繼日應付暴亂的辛酸。有個同事身體不舒服好幾天了，以為自己感冒，仍天天堅持上班抗暴。那天，警隊要出動驅散暴徒，有同事留意到他面色不好，勸他別出去，這位同袍仍想出去行動，幸好還未離開，因為他躺下不久就心臟病發被送往醫院，好在搶救及時。說起同袍險死一刻，卓孝業一度哽咽，拭去男兒淚。他說，「其實很多受傷的警員都沒有求醫，因為求診就要幾個小時，大家都要和同袍警隊齊上齊下」。卓孝業 1982 年加入警隊，他說，過去半年是他警察生涯中最具挑戰的日子，「我在殖民地時代做過警察，更加清楚自己是個中國人，年輕人要有家國情懷，否則很難有一個定位去看世界」。

香港 3 萬多警務人員，女性警察約有 5,000 人，佔總警力的 17%。聽女警們說，都過去半年了，記得最累的時候，沒等脫下全身防暴裝備，便戴着頭盔睡着了，但她們無怨無悔。她們說，守護

香港法治，是她們堅守的信念；香港回復安寧，是她們最大心願。

長着一張稚氣年輕臉龐的馮雪蕙，就有濃濃的家國情懷。看不出她已是從事警察工作 10 個年頭了。6 月 25 日，大陣雨後的傍晚，在九龍大坑西街西九龍機動部隊行動基地，她接受我專訪。她說，「面對香港社會的亂局，我仍相信法治，因為香港擁有一支文明警察隊伍。我的同事在前線忍辱負重，我雖在室內後勤，但心始終與他們同行」。

她曾身在前線接手眾多案件，如今調任將軍澳警區訓練及職員關係主任助理（ATSRO），成了警隊的後勤人員。從警校剛剛畢業時，她曾駐守觀塘軍裝巡邏小隊，之後加入機動部隊（PTU），在此期間曾處理佔中事件，後調任東九龍衝鋒隊（EU），亦歷經過旺角暴動。她不在前線，心卻依舊繫着前線同事。6 月 21 日，眾多年輕示威者將香港警察總部團團圍住，長達 16 小時。她說大樓裏有她當年一起於警校受訓的同學，看着直播的畫面，她為他們擔憂。直播畫面中，站在最前線的警方發言人被激光筆瞄準着眼睛，於是他不得不低下了頭。而他敦促示威者離開的話語，也被淹沒在嘲笑與哄鬧聲中。

離開了最前線的工作，僅作為後勤部隊的一員的馮雪蕙，依舊承受着身旁人給她的壓力。在與親友的網絡聊天小組中，她的旁系親屬紛紛在網絡上直言不諱地對警察謾罵與侮辱。她痛心又無奈地說：「除了我的父母和妹妹非常支持我以外，其他的舅父、表妹表姐全都是反對的。有時候他們都當着我的面罵警方，完全不尊重我的想法，似乎是故意說給我聽的。現在我們都很少在會話組裏談

論政治的事情，我很傷心，為什麼感情可以因為政治而變得這麼僵呢？」

馮雪蕙的先生也是一名警察，此次事情發生後夫妻倆都忙得焦頭爛額，「每天都不知道幾點收工，總之一定是超過 15 個小時的。在衝突激烈時，甚至是 30 至 40 多個小時」。他們的孩子一歲半即將要上幼稚園，談起事件風波對孩子的影響，她不禁皺起眉頭説道：「我們很多警察有小朋友，所以大家都很擔憂將來會怎麼辦。我們本來是一個受尊重的職業，但是現在孩子卻因此也受到負面影響。孩子成長時期，老師是很重要的，我很擔心我的孩子未來也可能和同事的孩子一樣受到欺凌。」

在社交媒體上，警察成了人肉搜索對象，警察的個人信息遭「起底」被公開。她説她百思不解，「警隊配有心理醫生疏導，大家都有情緒。這些日子來，在飯堂中午吃飯時我常常聽到同事們在嘆氣，明明我們也想和平與安全，使用適當的武力也並非我們主動，是對方先施行了暴力，為什麼警察會遭受今天這樣的對待呢？」

風波主角：香港警察是法治社會的符號

黑雲壓城城欲摧。香港警察，是香港社會的「定海神針」，是市民福祉的「守護天使」。這場「反修例」風波中，香港警察無疑是當之無愧的主角。黑色暴力肆虐，曾是全球最安全城市之一的香港竟淪為「暴亂之都」。香港 3 萬警務人員始終衝鋒在止暴制亂第一線，承受身心巨大壓力和傷害，無畏無懼，克制包容，懷着使命信念，秉持專業精神，履行警隊誓詞中「不對他人懷有惡意」

的理念。

這是 2019 年最被扭曲、被辱罵的群體，也是最被仰賴、最被敬重的群體。就是這支紀律部隊，防止更多的地鐵、交通燈、商舖被打砸，破獲了多少的私藏武器、搜獲了多少的汽油彈，打通了被堵住的公路與隧道，保護了多少被黑衣暴徒所毆打的市民……在 240 多天的政治風暴中，讓香港人尋回免於恐懼的自由。這一陣，香港民間正湧動着把「香港警察」提名為「諾貝爾和平獎」的努力。儘管人們都知道，獲獎的可能性很小很小，但事情往往重在過程，推進的過程就是香港警察走向世界的過程。

香港警察是法治社會的符號，立法、司法、執法構成法治基礎，三者缺一不可。警隊既是站在執法的最前線，也是整個香港的最後防線，是實施有效管治的重要隊伍，沒有強而有力的警隊，法治便成了「無牙老虎」，香港就跌入萬劫不復之地。如果沒有激進「勇武」示威者的衝擊，如果沒有暴力破壞和「私了」傷人，警察也就無需動用適當武力防暴。警隊之所以成為暴徒眼中釘，正因為警隊是其奪權行動的最大障礙，有了警隊，暴徒的目標絕對不會達成，「顏色革命」必慘敗收場。

說起香港警察，人們常會記起《無間道》、《新警察故事》、《寒戰》、《拆彈專家》等一系列影視作品中的「阿 Sir」形象。香港警察在影視作品中驍勇善戰，在現實生活中也是如此。憑藉維持香港較低的犯罪率和較高的破案率，香港警務處屢次被國際刑警組織譽為「亞洲最佳」的警務機構。

　　香港警察是一支優秀隊伍，也是維持香港繁榮穩定與社會治安無可取替的中流砥柱。香港警察成立於 1844 年，1967 年至 1997 年被稱為「皇家香港警察」。剛過去的 2019 年正迎來 175 歲生日，一連串以「守護香港・服務社群」為題的紀念活動，陸續舉行。香港警隊是由香港警務處長領導的一支包括正規警察、輔警及文職人員在內超過 36,500 人的隊伍。據香港政府統計，香港警務處人員佔特區政府公務員隊伍的近 1/5，是實際人數最多的政府部門。

　　據悉，警務處雖隸屬於香港特區政府保安局，但在維持香港社會秩序和穩定方面發揮重要作用，因此警務處長職位被列為特區政府主要官員。警察機動部隊「藍帽子」、特別任務連「飛虎隊」、有組織罪案及三合會調查科「O 記」、女警內部保安連「紅粉部隊」，此外，還有「衝鋒隊」……經常看香港警匪片的一定對這些名詞不陌生。他們是香港的幾個警種，在不同場合各司其職。

　　警務人員每次執勤都身負數十磅裝備四處奔波，沒有時間就餐，為減少去廁所甚至不敢飲水，累了只能席地休息，為免家人擔心，受傷受辱也不敢訴苦。警隊是香港的驕傲，卻受到極不公正對待。供應給他們的盒飯，竟全未煮熟；警察執勤需解手卻被拒進入商場洗手間；他們的宿舍一再遭暴徒圍攻破壞……

　　有兩個數據可以說明問題。

　　之一：2019 年 6 月 9 日以來，截至 12 月 16 日，香港警方在多場示威活動中共拘捕 6,105 人，年齡介於 11 歲至 83 歲，被捕人數已超越「雙十暴動」，為香港歷次示威活動之最，其中 978 人被

檢控，包括被控暴動的 231 人，另有數據稱，12 月 23 日至 27 日拘捕了 336 人。

之二：自 6 月 9 日至 11 月 29 日，共有 483 名警務人員在行動中受傷，截至 12 月 26 日，共有逾 530 名警務人員在鎮暴中受傷，有警察被暴徒咬斷一截手指，有警察被利箭射穿小腿，有警察遭淋鏹水達三級燒傷⋯⋯

現在經常有人在網上叫囂要殺警，要用土製炸彈攻擊警察。香港警務人員每天還面臨另一種「傷害」，面對另一種「威脅」。香港被黑色恐怖籠罩的半年，「起底」情況肆虐。「起底」是一個網絡詞彙，與曝光、揭秘一樣，又稱為「人肉搜索」，是指查出對方的個人資料等私隱信息而公諸於世，以作「網絡公審」。在社交媒體上，警察成了人肉搜索對象，成了反對派重點矛頭指向。

「光頭警長」劉澤基 7 月 30 日事發當晚已被網民迅速「起底」，電話響不停，每小時收到六七百個惡意來電，內容全是粗口，或大叫「黑警」、「殺死你」、「傷害屋企人（家人）」等。他的太太受到驚嚇，孩子也要取消參加原定的暑期興趣班。警察的家人遭到「起底」，孩子在學校遭到欺凌。不久後，我採訪劉澤基警長時，他已搬離元朗警察已婚宿舍。這裏目標大，容易被人盯上，他擔心孩子被人毆打。他搬了家，出行仍是很小心，戴上帽子，遮去大半個臉，孩子不再跟他出門，都由太太帶。他說，他不怕他們，「我隨身帶着警棍和槍支，我有足夠能力保護自己，我擔心的是手無寸鐵的家人」。一天晚上 10 點，「光頭警長」回家路上，迎面走來 3 個黑衣黑帽黑口罩的年輕人，對着他指指點點，似乎認出他，3 人

愈走愈近,他忽然意識到有情況,他手扶腰間的警棍,心想:我絕
對不能退縮,我不會害怕,害怕的是他們」。他挺胸迎面走去,3
個黑衣人見狀,突地左右分開而離去。

我採訪過幾位女警,她們的個人資料都被惡意泄露過,有的是
與家人的合照、她們的身分證、家庭住址、電子郵件等都被曝光。
警察們上班時停在警署內的車,都有人在遠處用長鏡頭拍下車型和
車號,然後這些照片就會出現在策動暴亂的網站上。為了讓家人平
安,很多警察停車後,會用布把車牌蒙起來。每天下班回到家門口,
都會下意識地「東張西望」。

有組織罪案及三合會調查科高級警司李桂華 2019 年 9 月 4 日
披露,有 1,800 名警察及家屬被「起底」,恐嚇主要來自互聯網。
3 個多月過去了,有學者估計至少有五六千警察與家屬被「起底」。
香港私隱專員公署日前披露,自 6 月至 12 月 12 日,已接獲和發現
4,359 宗「起底」及網絡欺凌的相關個案,已將 1,402 宗涉嫌違反《私
隱條例》的個案,交予警方作刑事調查和考慮提出檢控,警方已就
當中 4 宗拘捕 5 人。4,000 多宗被「起底」的個案,涉及 16 個社交
平台及討論區,被起底人士中,警察及其家屬是受影響人數最多的
單一組別,佔整體案約 36%,表態支持政府或警方的公眾人士,也
佔整體被「起底」個案的 30%。私隱專員公署 2020 年 1 月 21 日披
露,公署 2019 年共接獲 9,182 宗投訴,較 2018 年增加近 4 倍,其
中 4,370 宗涉「起底」,比 2018 年 57 宗大增逾 75 倍,涉及警員
及其家屬的比例最多,佔 36%。

這場暴力運動,是煽暴派、縱暴派將黑手伸向學校、荼毒學生

惡行的一次大暴露。長期以來，激進「黃師」利用各種機會，以偏頗資訊甚至謠言誤導、煽動學生仇警、反政府，連天真無邪的幼童也不放過。真道書院助理校長戴健暉、嘉諾撒聖心書院通識教師賴得鐘、賽馬會官立中學教師譚玉芬、元朗公立中學校友會小學教師蔡子烯……一宗宗被揭發發表仇警言論，荼毒學子。之前有揭發幼稚園老師以動畫方式，向學生散播仇警意識；有補習導師編制「警方濫暴問題」的初中英文教材在網絡上流傳；有家長帶 5 歲幼童參加港大同學會小學面試，面試後孩子竟稱「警察是壞人」，家長懷疑在面試時有人向小朋友灌輸仇警，於是向教育局投訴。

醫者除了要「妙手」，更要「仁心」。不過，這些日子來，很多警察向林志偉投訴他們在香港醫院的遭遇。林志偉告訴我，目前警察同袍去醫院大致有 3 種情況：一是警察在工作時受傷，去政府醫院救治；二是自己有疾病需要去醫院治病；三是因為工作需要去醫院執行任務。警察投訴的情況有：受傷去醫院治療，有醫護會故意怠慢你，把你丟一邊，你沒有坐的地方，穿著警服站在大廳裏，這種時候往往有人對着警察拍攝，然後大聲說這裏有警察來看醫生，有必要如此大聲引起大家的注意嗎？警察也會生病看專科，原本都是 3 個月覆查一次，醫生就詢問他的職業是什麼，在得知是警察後，就說沒有什麼問題了，你以後都不用來覆查了。結果警察病情愈發嚴重，換了一家醫院去看，醫生說怎麼拖了那麼久才來治療。還有一種情況，有時候被警察拘捕的人需要留醫，警察就需要看押這些人，就有護士不給警察座椅，警察只能站着等。有時候，只要警察走過時，就會有醫護喊「POPO」……林志偉說：「這類投訴很多，我認為專業人士就應該用專業精神來工作，管理層應該加強監管，但醫院高層不作為。」

仇警、辱警、黑警、咒警，往往以謠言開始。當下香港「假新聞」氾濫，造謠，信謠，傳謠，很多説法完全是污蔑和誇大，抹黑警隊，激化警民矛盾。幾個月來，亂港派、縱暴派文宣反覆炒作「八・三一太子地鐵站死人」的謠言，以煽暴仇警，先是謠傳 3 名暴徒失蹤，然後又變成 6 名暴徒被打死，接着三度改「劇本」，變成有 7 名死者，再「升級」至最新説法「9 人死亡」。新謠言是新屋嶺扣留中心出現所謂「被捕者遭毒打」、「有 1 名中學女生被抓去新屋嶺後，遭 4 個以上香港警察輪姦」、「警察催淚彈產生二噁英毒害街坊市民」，至今匿藏不露面的「布袋彈爆眼少女」事件、「暴警鬧市開槍掃射」事件、「用火車將示威者送回大陸」事件、聖誕暴亂旺角長安街「男子避警『不想被消失』而墮樓」事件……盡是子虛烏有，儘管警方、消防、醫管局、港鐵均在記者會上一再澄清那天太子地鐵站內並無死亡個案，被送往新屋嶺扣留中心的被捕者中亦無死亡個案。有媒體根據網上提供的死者名字和地址完全是偽證誤導，也不見有死者家人出面；被「強姦」的女中學生至今連個影子都不見。至於催淚彈產生二噁英，有關機構再三澄清毫無科學依據，事實上卻是暴徒扔出燃燒彈才產生二噁英。示威者卻至今仍借此不斷散播仇警思想。

網上大量假新聞、假消息亂飛，完全沒有任何監管及遏止。由於香港現行的法規未能有效規管，導致別有用心者每日都「生產」大量假新聞，作為攻擊警隊、煽暴挑恨的工具。香港出現謠言時，按例應由政府主要權威部門或人士及時發聲，同時靠各種媒體及時追蹤澄清事實。香港九龍東區各界聯會常務副會長楊莉珊指出，「警方又要平暴又要闢謠，政府新聞處本來對闢謠責無旁貸，但政府新聞處去了哪裏？」這幾個月，特區政府面對謠言四起，把握輿論顯

得束手無策。有朋友説，政府部門擔心追查謠言反被扣上侵害新聞自由、言論自由的帽子；告造謠者誹謗，又怕上庭打官司，大家知道香港的大法官是怎麼回事。由此，謠言愈來愈囂張而成為社會最強催化劑。

自 6 月 9 日起的 200 天止暴制亂中，人們只看到警隊在火線上單打獨鬥，幾個月來，政府一些部門沒有配合警隊。毫無疑問，回歸 22 年，確有一批「黃絲」滲透政府一些部門，政府內部有人在網上散播警隊機密資料，參與「起底」活動。教育部門縱容「黃師」在學校散播仇警、辱警言論。食物環境衛生署不依法清理「連儂牆」，沒有向滿街貼標語刷口號的示威者發出罰款通知書……

黑衣暴徒，鬼哭狼嚎。香港是世界上最安全的城市之一，是全球罪案率最低的城市之一，警隊作為重要執法者功不可沒。在幾乎每一項全球排名中，香港警隊都位居世界前列。

加拿大菲莎研究所發布《全球人類自由指數 2019》報告，其中在「警察可靠度」的評分與排名方面，香港取得 8.9 分，排名上升到全球第六；美國只得 8.2 分，連 20 名都不入。另有調查顯示，2018 年香港錄得 49 年來的最低罪案率。據統計，2018 年前 11 個月香港總體罪案量較 2017 年同期減少 2.9%；2017 年度香港犯罪案宗數和整體犯罪率分別創下 1975 年和 1971 年以來新低。

成立於 1971 年的世界經濟論壇，是獨立國際組織，論壇主導的《世界競爭力報告書》是一份年度報告，於 2019 年評估 141 個經濟體系的競爭力狀況，在 130 個指標裏，其中一項是「警察服務

可靠程度」，1 分是完全不能依賴，7 分是可完全依賴，香港得 6.4 分，比上一年上升 0.1 分，排第六名；美國也是 20 名不入。位於英國倫敦的列格坦研究所，是一個公共政策智庫，於 2007 年成立，每年公布「全球繁榮指數」，該指數評估 167 個國家／地區的財富及生活質素，12 項指標之一是「安全與保安」，香港特區排名在 2019 年與 2018 年一樣居第四名；美國同樣不入前 20 名。一份份香港治安情況的「成績單」已成為香港警隊敬業績優的最好證明。

臨近 2019 年歲末，香港卻罪案頻發，從表行、金行到街頭搶劫，治安問題令人憂慮。據數據顯示，近半年來，香港的金行及表行搶劫案持續飆升。據警方統計數字，此類搶劫金行的罪案每年只有 2 至 5 宗，即便是 2019 年上半年也只有 1 宗，但僅僅 11 月就已經先後發生最少 6 宗相關劫案。2019 年上半年的整體罪案數字，較上年同期下降 4.7%，是 1977 年有紀錄以來最低。但自 6 月「修例風波」後，罪案數字急升，令 2019 年首 11 個月的整體罪案，較 2018 年同期上升 4.2%，其他刑事案件也大幅上升。爆竊案上半年數字原本按年下跌 3%，但下半年急升，截至 11 月底全年倒升 44%；劫案由上半年原本下跌，首 11 個月倒升 28%。

輿論普遍認為，是因隨着香港暴力衝突不斷加劇，香港警隊抽調大量人手應對。過去的 200 天，香港突然劫案頻頻，換一個角度看，香港警方將重點警力部署在對付暴亂了，香港的社會治安就會異常，有不少匪徒趁亂搶劫，可見香港警方不可或缺，可以說警察是當之無愧的香港「守護神」。

被稱為「一哥」的鄧炳強是 2019 年 11 月 19 日接任警務處長

的。警務處網站上的口號，已由沿用了 20 多年的「服務為本，精益求精」，改為「忠誠勇毅，心繫社會」。其實，新口號曾於 2019年 5 月警隊 175 周年紀念特刊封面出現過。「強人一哥」鄧炳強上任後展示「強勢」，多次披甲上陣，前往前線督師，提振警隊士氣。他一再強調，止暴制亂會採取「剛柔並濟」、「因時制宜」的策略。用文友屈穎妍幾個月後的話說，「看警務處，同一隊人，同樣裝備，相同制度，只是換了一個帥，一切都不一樣，啞忍的警隊從此變得生龍活虎、氣勢如虹」。

12 月 24 日平安夜，鄧炳強到尖沙嘴巡視佈防情況，並慰問堅守崗位的同袍。他上任後，警方鎮暴戰術有所調整，在旺角、太子、尖沙嘴多次以圍捕取代驅趕，理工大學的圍堵戰術相當成功，便衣警察潛伏商場以便快速制暴，警方的巡邏方式也由過往兩名警員巡邏，改為多名警員一同巡邏，以因應現時上升的危險程度。警方已向政府爭取將 2000 年前入職的警務人員延長退休年齡至 60 歲，安排即將退休的 600 人繼續延任，額外增聘已退休的 1,000 名警員。

香港灣仔警察總部警政大樓 42 樓。按約獨家專訪鄧炳強。乍一見，他胸前那條紅色領帶特別耀眼。在多個場合見到他，他都是黑西裝、白襯衫、紅領帶。很多名人要人都熱中繫紅色領帶，穿淺色襯衫和深色西裝，這不是巧合，有研究色彩的潮流分析大師說，紅色繞不開「力量和激情」，「紅色領帶象徵權力」。警隊過去一年面對自 1967 年以來從未發生的大挑戰，鄧炳強說，「正面地看，能遇到這些事，可能是時代選擇了我，能面對這些挑戰，也是好的經驗」。

　　鄧炳強 1987 年加入香港警隊，2012 年晉升總警司，2016 年出任人事部主管，2017 年晉升警務處高級助理處長、兼任行動處長，2018 年獲委任警務處副處長。這些年，他穩紮穩打，一年一步，他處理過諸多重要任務，2014 年出任港島總區副指揮官時處理非法「佔領運動」、2017 年以行動處長的職位負責中共中央總書記、國家主席習近平訪港時的保安工作……

　　根據警方的研判，示威群眾由內到外，可分成三層。最內一層，也僅僅是一兩千人，他們是極端暴力的暴徒，隨意投擲汽油燃燒彈、用致命利器襲警，目標是死傷流血「攬炒」，這群暴徒背後有組織黑手。示威群眾第二層是激進青年人，主要是大中學生，數以萬計，他們站在示威前線，卻不是最暴力的一群。最外一層是所謂「和理非（和平、理性、非暴力）」，他們被修訂《逃犯條例》激發上街，人數或過百萬。警方明白，當局要止暴制亂，關鍵是應對最核心的這一兩千有組織的極端暴徒，唯有把他們拘捕判刑、阻斷他們的資源來路，暴亂便能緩和而遏止。但風波最初 3 個月，政府一再猶豫觀望，進退失據，沒能認清那批核心暴徒本質。

　　警方「速龍小組」與暴徒「屠龍隊」對撼。鄧炳強執掌警隊後，收集情報，安插臥底，成功採取了「明戰暗博」、「分散迂迴」、「快速突擊」、「智擒目標」等多種戰術。

　　警隊是維持香港穩定的最後一道防線。當香港警察的尊嚴受到踐踏，當維持秩序的警員權威受到挑戰之時，也就是香港陷入嚴重動盪之日。香港灣仔軍器廠街一號警察總部，那 4 幢大樓是香港警隊的權力及指揮核心重地，是所有香港警察信心的支柱，更是香港

社會法治的象徵。過去的 7 個月，警方站在止暴制亂第一線，用汗水與鮮血捍衛「香港這個家」，成功粉碎顏色革命圖謀。試問：香港警察的尊嚴所剩無幾，香港法治能有幾分?! 此際，那首歌《夜空中最亮的星》正在香港上空傳唱。「每當我找不到存在的意義／每當我迷失在黑夜裏／夜空中最亮的星／請指引我靠近你」，「給我再去相信的勇氣，越過謊言去擁抱你」。

電光火石的一分鐘

施嘉雯　香港資深媒體人

2019 年 11 月 11 日，是反修例運動發生以來，最黑暗的一天之一。示威者發起「三罷」，誓要癱瘓全港，名為「黎明行動」，卻諷刺地令全港都籠罩在黑暗之中。既有馬鞍山大叔被淋易燃液火燒命危，繼而發生黑衣暴徒大肆破壞中大校園、亂擲汽油彈。掀起「1111 暴力」序幕的，是西灣河有人涉嫌搶槍襲警、警長開槍的事件。

這一天，天蒙光，蒙面人堵路行動流向 18 區不同角落，警員疲於奔命在各區清理路障。

當了 28 年差的警署警長 KK，雖然是交通警，而非和暴徒正面交鋒的防暴警，卻已感受到如活在刀口上，但他發夢也沒想過，這朝早他奉命在西灣河清理路障，卻墮入被包圍和襲擊的險境內，為了自衛和保護警槍，他被迫向走近他涉嫌搶槍的黑衣人，開了一槍，又向背後拉扯他的人開了兩槍。

電光火石一分鐘，令他和家人被下追殺令！有人威脅要擲他的女兒落街、放火燒他房子……政治壓力下，他會否變成朱經緯第二呢？令他喪失一切？

他的生命至今仍受威脅，需要受保護。回想起這一分鐘，每一個畫面都銘刻在他腦海中，重演了許多次。

「我知道是非常危險的，我和上司剛剛在西區清理道路。黑

香港顏色密碼

衣人跟着又流竄到東區。我們本來要去柴灣處理堵路的，但中途收到訊息，要先落去西灣河清理馬路上的垃圾。到達時，發現連高速公路雙線都被垃圾堵塞着，巴士全部停駛。我一直向太安街前行，以為上司一齊向前行，不為意上司中途跌了東西，我落單了而不自知。」

「其實，當我清理了垃圾後，可以馬上離開的，但穿上制服，我就是警察。我想解開綁在交通燈柱前、封住整條馬路的金屬線，讓車輛通行。就是此刻我一轉身，見到四方八面有許多人，其中 10 至 20 個蒙面人在堵路，在幾秒之間，有五六個蒙面人朝着我的方向走來，蠢蠢欲動。其中一個手持鐵通，其他人口袋會否有剎刀、汽油彈呢？我不知道，只知道自己落單了。當時有 4 個人一齊圍攻我，兩個人在背後包抄我。我只好拔槍及擎槍戒備，警告他們：『唔好過來！』但蒙面人沒有被嚇怕，其中一個白衣人在我身後，拚命扯住我塊面，我連説話都講不到。」

怎會忘記驚心動魄瘋狂襲警的畫面呢？

國慶日在屯門大會堂，被擲鏹水彈嚴重燒傷的「鋼鐵俠」和小虎 Sir⋯⋯
在又一城，被推到牆角，圍毆至一面血的便衣探員⋯⋯
在機場，以寡敵眾跌低被迫拔槍的警察⋯⋯
在元朗，被搶槍、兼中汽油彈，差點被燒成火人的便衣警⋯⋯
在觀塘，被割頸險死的警員⋯⋯

如果我退縮，必死無疑！

當我被人從後扯着時，一個黑衣蒙面人向我走近，我的專注力集中在前面這個黑衣人，他右手有所動作，嘗試搶槍。我知道，如果這一刻我退縮或跌低，必死無疑！

我在別無選擇下被迫開槍。但他的同黨沒有退卻，有蒙面人欲上前搶犯。電光火石之間，我再開兩槍，沒有擊中人。

擔心中槍者的傷勢

我完全不覺得自己是英雄，反而內心非常不舒服，做警察從來不想開槍的。開槍是迫於無奈，也很擔心中槍者的傷勢。但那一刻我的頭腦非常清晰，萬一被搶走警槍，不僅我的生命受威脅，對現場所有人都非常危險。

開槍之後，周圍有很多人向我們擲石頭、擲笤箕，還有一個女人趨前大聲鬧我。現場危機四伏。

我是警署警長，天天都告誡同事們切勿大意，雖然有些人想説你是交通警，不要多事，但我知道絕不能輕率，因為我騎着電單車，在高速公路上飛馳，只要有人有心整你，一撞跌低便會很大件事。始終沒有想到被圍堵和襲擊、意圖搶槍的事件會發生在我身上。

案發後半小時，我已經被徹底起底了，我的住址、電話、電郵、社交網絡、身分證號碼、妻子和兩個女兒的照片以及個人資料，全部被放上網，變成了對付我的武器。

有人話要殺死我兩個女

有人警告殺我全家，放火燒我屋企，我的電話不斷響起，有人粗言穢語鬧我，電郵信箱被轟炸，有人用我的資料去借錢……但最令我擔心的，是有人威脅要殺我兩個女兒，把我的女兒擲落街，當時我任職警員的太太，正在另一個戰場，烽煙四起的中文大學最前線。

我告訴她：「係我嚟……開槍那個。」一分鐘發生的事，把我們的世界徹底顛覆了。

當時是 7 點幾，女兒在返學校途中。「有人話要到學校殺死我們兩個女。」我說。

我們如熱鍋上螞蟻，黃大仙派重案組四出找女兒，老師亦即刻派人去接女兒，兵分多路，爭分奪秒，氣氛很緊張，太太也從中大的戰場抽身，趕去救女……最後，終於在坪石邨彩虹站附近找到女兒。總算安全了，不用擔心。

學校恐成攻擊目標

我恐怕會影響女兒就讀的德望學校，因為我是德望學校的家教會主席，又是校董會代表，將會有人搞學校帶來好多麻煩。所以我馬上 WhatsApp 校長，告之真不好意思，我要退出，讓他們能夠盡快把影響降到最低，令學校能夠盡快回答各方的問題，避免被轟炸，我也通知學校可以在網頁內盡量取消我有關的資料，以免被炒作。

我在家教會的團隊裏，家長都很支持我、保護我。

德望學校恐成攻擊目標，馬上宣布停課。當天全港學校亦已經停課了，我完全沒有機會和女兒傾談。警方派人保護女兒，大女兒讀中五，小女兒讀中二，復課後第一日，女兒很想回校上課，但校方想觀察一下情況，不許她們返學。為免受騷擾，我停用電話。連電話都不能用，感覺非常孤立，草木皆兵，四面楚歌。

隔了幾天，我才和女兒通電話，她們聽到我的聲音，是很開心的。她們說：「媽咪要我們全力支持你。」

女兒聽到很多難聽的話

我覺得連累了很多人，令家人擔心，家人也不能返屋企，一家人不能團聚。整整一個多月，我一個人住，由太太照顧兩個女兒。直到聖誕前幾天，警方給我一個保護屋，我們才可以一家團聚。

其實，自 9 月 1 日開學，學校的氣氛變風雨欲來，泛政治化的情況很濃烈。校方是不想政治進入校園，要求連儂場在特定的地方，如果組成人鏈，要在校門外，學生不戴黑色口罩，戴口罩要有醫生紙，但有學生當場包圍老師大罵，仇警的氣氛亦如野火蔓延。因為爸媽都是警察，所以女兒黃藍兩邊都不跟，但大女兒有點不願講，她可能覺得是我導致她失掉朋友。復課後，女兒很想返學，校長和副校長都關心我們。

大女是社的 House Captain 和樂隊領袖 Band Leader，有好

多朋友保護着她們，周圍亦有很多不懷好意的眼光，好朋友告訴她們，有人計劃整你們，亦有很多難聽的話，亦有人走過去，問你是否是開槍警員的女兒？原來你爸爸係咁嘅人！然後就走開了。

這一個半月以來，一家人甚少出街，一出街就要作很多部署。可免則免。直至到有了這間保護屋，才稍好一點。

精神繃緊，草木皆兵

自從發生了這件事之後，精神狀態非常繃緊，覺得有很多人望着我，對周圍的環境很多猜疑，有一種不安全的感覺。

因為政治原因，我有機會被犧牲，成為朱經緯第二，失去一切。世界就在眼前碎裂。

同事全部支持我，但我依然感覺危險。那幾天我完全不想看新聞。案發後翌日，曾經見過心理服務科，他叫我要注意一下，但案發後我晚晚都睡得不好，這一分鐘發生的畫面，不斷在腦內重演。

我想過是否應該跑掉？寧願懦弱被人笑，但我不後悔，因為穿起這件制服，我就是警察，就應該保護市民，如果連警察都跑掉，誰來保護市民呢？我太太 100% 支持我，從來沒有懷疑過我。她處事快捷妥當，我衷心感謝她在背後默默撐起整個家。

在母親的輔導下，小女兒像平時一樣。大女就變得比較沉默。在案發後幾天大概 11 月 12 日或 13 日吧，有一位高級警官特別安

排我一家人團聚，還送了一束花給我太太，很窩心。

過了幾日，我和太太見面。我説我哭了，太太又哭了，我説：差不多退休了，如果成為朱經緯第二，失去一切怎麼辦？她也很擔憂。由開槍一分鐘開始，以前的世界碎裂了。

沒退縮，沒爭拗，沒叛變

我覺得整個警隊被孤立，無論電台、報章、議員，都不斷重複謊言，重複説「警暴」。我們不斷捱打，情況比 2014 年「佔中」時更差。正常的變為不正常。警察只是維護香港的正常運作，如果警察放棄，香港怎麼辦呢？

警察成了犧牲品，但我們有使命感，一直堅持。每一個同事都好有心，無怨言，尤其是前線，每日返工 15 小時，這麼長時間。即使有同事被淋鏹水、被擲汽油彈，但我們沒有退縮，沒有爭拗，沒有叛變。我們是好兄弟，社會也有很多人支持我們，捐了很多東西，如裝備、水果、湯和藥物等，令我們在精神上有支持。

我收到一封鼓勵我的信，署名「沙田市民」，也有收過一張錦旗，有些來自國內同胞。我對社會失去信任，有失落感，幸好我有家人，太太和女兒支持我，還有整個警隊提供協助，令我能夠站起來。

小時候，女兒以爸爸做警察為傲，她們入讀的是家長爭崩頭都要擠入去的名校。我在女兒讀小一時便參加家教會了。10 幾年來，

和其他家長建立了很深的友誼，我親眼看見改建禮堂，起新的禮堂。這一切霎時之間變了。女兒隨時有可能轉校，能不能看到女兒在新的禮堂上舉行畢業禮？是未知之數。

後記

訪問初時在星巴克咖啡館，但人漸多了，KK 渾身不自在，風聲鶴唳，草木皆兵。我們唯有返警署繼續談。

訪問期間，他收到電話，說他的信箱被人用膠水封了。他苦笑着解釋，因為他們住的是紀律部隊宿舍，有消防員、海關和人民入境事務處，不一定個個支持警察。可想而知警隊是何等孤立。

搶警槍，是爭奪生殺之權；污名化警察，是爭奪話語權。

襲警、搶槍、搶犯、向警員全家下追殺令，等於向香港法治下戰書。

為什麼香港會走到這一步？不僅警長的世界在粉碎，香港固有的守法觀念，是非對錯，也在粉碎。

三萬警嫂：一家屈辱兩肩挑

手無寸鐵、投訴無門、欲救無從

潘麗瓊　香港資深傳媒人

一場席捲全城，橫跨兩年的反修例運動，如風捲殘雲，把香港由外貌，到內在道德價值，都打擊得搖搖欲墜。

暴徒為了擴大打擊面，削弱警察的士氣，不惜散播「禍必及妻兒」的恐嚇，令3萬警察家庭成為磨心。警察疲於奔命應付暴徒，剩下成千上萬的警嫂獨力支撐家庭，精神慘被多重夾擊——既要擔心丈夫在前線受性命威脅，又要面對在學校受死亡恐嚇、被欺凌的子女，自己在工作上和朋友圈裏被標籤和孤立。唯一可以遮風擋雨的家，都成為暴徒的攻擊目標，被縱火、擲磚、打爛玻璃窗、外牆噴上粗言穢語、深夜叫囂，還要擔心全家被網上起底，生活在惶恐之中。警嫂是一群被社會遺忘了的受害者。

訪問在紀律部隊宿舍中進行。在八方風雨中獨自擔起一頭家的警嫂，一旦翻開慘痛的回憶，仍在淌血的傷口，哽咽和流淚不止。她們的故事讓我驚嘆，為何人性可以卑劣如此？為何素未謀面的人，可以欺凌手無寸鐵，和你無怨無仇的警嫂和孩子？更令警嫂傷心的是，一戴上政治有色眼鏡，哪管是畢生知己好友、老師同事都會反目成仇。關係撕裂，無法挽回。

為了要保護警嫂的身分，以下不會透露她們的姓名，以第一人稱親述警嫂的真實故事。

故事一：電視目睹丈夫被襲，幾乎崩潰

　　我丈夫是最前線的防暴警察，我們有兩個小朋友，一個讀中學，一個讀小學，反修例運動初時打得好激烈。每天全家人都會在電視機前面看直播，常常在火光熊熊、磚頭亂飛中見到他。

　　最深刻有一幕在上環，有暴徒在掟路牌，剛好掟在我老公前面！嚇得我們全家尖叫，孩子怒吼：「你唔好掟到我爹哋度吖！」忘了咫尺天涯，欲救無從！此刻我幾乎崩潰。心想，這次死定了⋯⋯

　　是交通燈救了丈夫一命，路牌擲歪了半分，先擱在交通燈頂，卸一卸力，才掟在我丈夫身前。我急如鑊上螞蟻聯絡丈夫，他反過來安慰我們：「唔使擔心，我有成隊 team。」

　　雖說香港有 3 萬警察，其實防暴警察只有幾千，哪裏搞事，他就被調到哪裏。整個暑假，我們家屬跟着警察的更表來生活。我們天天看直播，等到凌晨兩點，實在太累了，但一見他放工回來，便抖擻精神匆匆幫他洗制服，急急吹乾，天亮六七點他又要穿著同一件制服上班。

　　我們連公園都不敢去，因為樓下常常有人在偷影，想起底，我知道有一班黃絲朋友已經出賣了我們，把全家的資料放上網。迄今已有千幾個警察家屬資料被起底。我就算買東西，都是快閃 shopping。一直到 8 月，我們才返內地玩了一趟。

　　運動的高峰是 8 月 5 日的「三罷」，各區遍地開花，警察絕對不夠人，他像帶着軀殼做人，這裏驅散完人，上車，又去別區驅

散……又上車，他們揹着幾十磅的裝備，好重好重。腰部痛到不堪。回到家裏，一骨碌便在地上昏睡了。

理工大學一役，他連續做了 30 多個小時，令我很擔心。暴徒燒車，瘋狂擲了幾百個汽油彈。他一直沒有覆我 WhatsApp，我只能和孩子看直播到兩點多。見到他有同事中箭，我好擔心。他回家後說：「昨晚理工好像打仗，到處都是火頭。應該出動軍隊，而我們只是警察。」理大一役扭轉形勢，全靠一個英勇的指揮官，運用新的戰術。

警察宿舍成攻擊目標

恐怖氣氛瀰漫在空氣之中。紀律部隊宿舍被攻擊，從未停過。

2019 年 9 月 2 日清早 6 時半，有 4 個年輕人身攜錘仔、鐳射筆、膠塑帶和防毒面具等，在油塘紀律部隊人員宿舍附近就擒；11 月 18 日，又有 13 歲女童和 15 歲男童向柴灣紀律部人員宿舍投擲汽油彈，先後被拘捕。連登常常有風聲說，要搞警察宿舍，又煽動網民偷襲在學的警察子女。

我精神緊張，前一陣子有人去藍田宿舍搞事。平日有人塞鎖匙窿，更試過有人在後樓梯放火。我生得矮小，會在大門前放定一張櫈子，每隔一個鐘，便爬上去防盜眼偷看一眼，恐怕有人來噴油。宿舍沒有鐵閘，暴徒隨時可以從後樓梯潛入。

個個都唔做，邊個做呀？

我丈夫 52 歲了，曾經收過信，問他是否想提早退休。我曾經叫

老公不如不做，老公反問：「個個都不做，叫誰來做呀？這般沒義氣丟下班伙計！」那一刻，覺得他很「型」，敬佩他。我支持他：「你走咗，咪又少了一個囉！」

新人之中已經近 300 人離職，有的是因為本身是黃絲，有些是因為危險，有些轉了部門，例如去了較安全的入境處。他當差 20 多年，對警察這份職業有感情。其實以前香港好太平的，頂住先。我和丈夫雖然距離上是遠了，但感情上更加親密。

女兒藍扮黃，求生存

至於一對子女，讀中學的長女假意藍扮黃，在 IG post 保持低調，間中扮 like 或不表態。她曾經目睹隔壁班有同學被老師欺凌。那位老師在 6 月中當眾問班上同學：你們哪一個是警察子弟？有一位同學不虞有詐，純真地舉手，結果整天被老師責罵，又被同學單單打打，後來受不了去了外國讀書。

我們現在寫手冊，不敢寫父親是當警察，索性不填，去旅行也不寫職業。成績上，長女控制情緒較好，比較專心，但小兒子卻分心了，成績轉差。我們都不打算讓孩子在香港升讀大學了。

我每天提心吊膽，卻要在奶奶和姑姐面前扮堅強。奶奶很擔心兒子，整天看着即時新聞，常問我兒子今日去到哪裏？姑姐常常跟我說，想找弟弟食飯，但他哪有空？我挺起胸膛安慰奶奶姑姐，不能讓她們擔心。

在公司，我被黃絲同事孤立，上司不客氣警告：「叫你老公，不要拉咁多學生！」我有一個閨蜜般的同事，結婚時做我的姊妹，

現在反面了。他們都在鬧警察，為什麼拘捕這麼多學生！

最擔心是丈夫放工，卸下裝備，萬一遇上路障，見到車牌知道你是警察，怎辦？如果拿出伸縮警棍自衛，即暴露身分——「你仲唔係警察？」

故事二：使命感多重，今天的苦難就多重

我丈夫在重案組，不是前線，已是老鬼一名了。我在中學教書，專責教中三、四和五的學生。年少氣盛，是高危一族。家中有一對子女。佔中時期，就讀中三的長子聽到通識老師在課堂上，責罵警察做得不對，感到鬱結，憋住一泡眼淚回家。我請求校長處理，但最後不了了之。

為什麼老師會詛咒我們？

佔中時，女兒讀小學，未太受仇警情緒波及。今年在直資中學讀中四，受辱警氣氛正面衝擊，有老師在課堂上公然咒罵：「黑警死全家！」她困惑地問我：「為什麼老師會詛咒我們？」我很心痛，無語問蒼天。

女兒很生性，獨自把在學校受到欺凌的事往肚裏吞，常說：「我沒事。」當時我處於人生低谷。老父病重入醫院，媽媽老人癡呆。到處堵路，交通很不方便。父親彌留之際，情緒低落，見到「死全家」3個字，特別刺眼，痛到入肉。我在醫院陪伴老父最後的時光，冷落了單獨在家的女兒。返家已很晚了，想和女兒打開話題，但女兒拒絕。

女兒以前人緣很好，常常請人來家裏玩。但現在飽受仇警同學、老師的欺凌，壓力很大。她對於父親究竟是不是「黑警」很疑惑，天天追問爸爸：「你有冇打過人？」爸爸說：「冇，但不保證以後都冇。」我忍不住拉女兒一邊說：「就算爸爸打人，都是執法的。爸爸沒有做錯。」

夫婦相擁而哭

家裏的氣氛很僵。丈夫當差廿幾年，什麼風浪沒見過呢？但有時他望住電視，會忽然哭起來，跟着夫婦倆相擁而哭。我對他說：「你是警察，負責執法，我是老師。負責教育。我教中三、中四、中五的學生。我們的使命感多重，今天受的苦難就有多重，受得這份糧，就要引導學生。」

我和女兒關係轉差，照顧老父、工作，令我沒時間照顧女兒，鞭長莫及。女兒的面色全黑了，我故意撩她嗌交，直至女兒爆喊，她說：「我覺得自己好孤單，同學常大喊：『黑警死全家！』我笑笑當聽不到，故意找韓星戴黑口罩做 profile picture 扮黃絲。」我打開了她的 IG，看了 15 分鐘，忍受不了。我對她說：「你好叻，可以在這種窒息的氣氛下生存。」之後，我們發狂找學校想送她去外國，但最終捨不得送她走。我對女兒說：「阿女，我們要冷靜點，堅強些，我哋冇做錯，爸爸做的是正確的。」

長子去了外國讀大學，非常藍，見到警察包抄示威者，會拿個 iPad 出來，同爹哋分析：「警察的策略不是幾好，要咁包抄。」暑假時他說：「我以前沒有想過做警察，但現在想回來香港做警察。」我很感動。

我平日常請同學到我家裏玩，許多人知道我住在紀律部隊宿舍，是警察家屬，現在好驚畀人起底，點我出來。

學生襲擊我宿舍！

有一天，長子看開 TG，大聲叫：「有人搞油塘，圍攻宿舍！」我赫然發現群組的管理員，竟是我學生，而且是很熟的學生。我問他：「你可否不來搞我們？」他說：「我作不得主，雖然群組是我開的，最多我不來，但其他人都會來。」那一晚，搞油塘不太成功，但見到學生來襲擊我宿舍，很不開心。

在學校裏，我感到完全被孤立。有同事說：「在我心中，你是小天使，黑白分明，很有正義感，求你不要扮藍了！」我給丈夫看，他安慰我說：「老婆，你好慘。我的同事九成是藍，但你同事九成是黃。」

我心想，你們不用拿我做目標，於是退出了許多群組。我在學校孤掌難鳴，空堂時會躲在課室裏，獨自哭起來。

連社工都戴黑口罩

學校的政治氣氛令人透不過氣來。連實習社工，都戴黑口罩作政治表態。我忍不住跟他們講：「你病咗呀？不如咁，不要戴黑口罩。我們花了許多精力，才令同學冷靜下來讀書，我剛才見你，都嚇一驚，不如你戴其他顏色口罩吧。」

在班房，有許多同學肆無忌憚喊口號：「黑警死全家！」或貼標語，或寫在白板上，我預演了許多次，要走過去，很冷靜地把字抹走，然後鎮定地說：「社會需要有學識之士。你們冷靜給我讀書，

不要騷擾其他同學。」我在學校會扮作處變不驚，用好多時間同學生傾，教導他們。

當深水埗發生的士司機被打到豬頭的時候，我問同學：你怎樣看法？

有學生說：「你知道嗎？我差點沒命。」我知道他們有參與街頭暴力，我勸說：「你們這樣很危險，我央求你們不要再衝，如果你是我子女，我會好心痛。如果你阿媽失去了子女，會好慘！」

我剛從理大逃出來

陸運會的時候，我帶着黑超獨個兒靜坐一角，閉目養神，突然有一個學生走來，說：「你知不知道我剛從理大逃出來？」

我回過神來，十分震驚說：「不知道。但你放心，學校會保密，學校很愛你。」他主動問我：「你有沒有話想同我講？」我很奇怪他會找上我：「你知不知道，我是警察家屬？」

「我知，但仍想你給我一點意見。」怎知才傾完幾個，又有三四個戴黑口罩的學生走過來。

天呀，那邊明明有一個輔導房，你為什麼不去呢？寧願和一個警察家屬傾偈？好，我捨命和你傾，傾多久都可以。我說——

第一，不要聽人點。有些人抱住自己子女在冷氣房，在鍵盤上猛說好嘢，一路叫你出去衝！我有些同事，會說風涼話：如果我沒有子女，就會去「野餐」，我好嬲，氣炸了！

第二，你們的安全是很重要，你還有大把世界，就算要死，應是年長的人身先士卒。

我説得很坦白，好激、好盡，有如飛蛾撲火。

我阿媽自殺！都是因為我

很多學生都是黃絲，即使內地來港的，都是反中仇警，而不少家長又是藍或紅的，引致兩代爭拗和關係破裂。

我有一個從內地來港的學生，和媽媽有爭拗，離家出走。我勸他，將來會有裁員潮，你媽媽需要你安慰。跟着他哭起來：「我正想同你講，我阿媽昨晚自殺！都是因為我。」

我叫他：「快點去探媽媽，什麼都不用説，只需要攬住阿媽，想哭就哭。」

另外一個學生和媽媽鬧翻了，媽媽罵他：「死暴徒！」他頂嘴：「係吖，我係暴徒呀，叫警察拉我呀！」從理大逃出來後，是社工打電話給他媽媽，結果媽媽被激到入醫院。我建議他去探她吧，他推説：「我唔去，冇嘢講。」

然後我主動説：「我陪你去探。」總算救了一段又一段的關係。

「你介不介意我時不時 WhatsApp 你，和你傾吓，如果你不怕我煩。」我逐步打開他們的心扉，但壓力很大，要很小心，怕有些字眼挑動他的神經。我拉了幾個不再去衝，或者他們去衝前能給我

一個機會先傾下。

有學生說：「其實你幾好吖，校長因為走得不夠前，被人粗口鬧到祖宗十八代。個個知你什麼身分都沒有人起過你底。」

我覺得很悲哀。哦，原來，因為我是警察家屬，我要感激你不起我底？我平日怎樣教你們？

有黃絲舊生找我吃飯。我說：「我唔該你，停止看生果報和立場報，慢慢自己想清楚。」

欺凌家屬，牽制警察

我教了廿幾年書，我的學生大了，以前好疼惜我的子女，生日會來替他們慶祝，又會帶他們去海洋公園玩。但現在覺得警察家屬被人欺凌，是罪有應得！認為憑藉這一招，來牽制警察。

「當年我幾咁錫你，你幾錫我仔女，現在我女兒被人欺凌，你覺得是應該的？」面對關係的破裂，我十分傷心。

人與人之間關係，修補不了，廿幾年辛苦建立情誼，全部推倒了。我們的隔閡，不再是一條刺，而是一碌杉！

故事三：兒子以為去旅行，其實是「走路」

我丈夫是車長，負責在前線開警車。我們住在油塘紀律部隊人員宿舍，和在西灣河開槍的警察住在同一幢大廈。當 11 月 11 日早

上 7 點發生開槍事件後，網上馬上有人吹雞，恐嚇會幾點來襲擊，大閘密碼全部在 TG 公開了。我們住低層，非常高危，擔心有人擲汽油彈，或者打爛玻璃窗。我攬着 5 歲兒子，第一時間執行李，用紙皮封住窗口，擔心會粉身碎骨或者葬身火海。

十萬火急之下，我致電丈夫卻找不着。原來他的車胎被暴徒用釘拮爆了，非常緊張地換胎，自顧不暇。此時，警嫂們和鄰居，尤其低層的，都在撤離。

兒子以為去旅行玩，其實是「大逃亡」。我很擔心小朋友講錯嘢，已經有老師好心告誡我，「叫你個小朋友，講嘢諗清楚。他有一次講：『啲壞人掟嘢！』萬一被第二位老師聽到就不好了。」

我跟孩子説，除了在家裏可以講爸爸是警察，和鬧暴徒之外，在街上切勿説話。怎知在撤離那天，我們一坐上的士，孩子就問：「為什麼要去酒店，是否因為啲壞人？」我一瞄到的士司機看《蘋果日報》，我急急不讓他出聲。他追問：「為什麼不可以現在講？」孩子天真無邪，但我很好心痛，眼淚在心裏流。

警方當時已經用大水馬封鎖宿舍出入口，增加警力看守。翌日我們見沒事便搬回去，但仍不敢撕走紙皮，因為樓下有暴徒不斷在叫囂十分嘈雜，我感到很大壓力。7 個月完全不能計劃外出玩。丈夫沒有假放，我們也沒有。

每天一到黃昏，踏出電梯便感擔心，我身上沒有武器，只能拿着水樽偷看後樓梯，是否有人埋伏，又擔心如果和小孩子一起逃走，

走不動，怎辦？

丈夫在前線，每天平均上班 15 小時，試過 3 日連續開工沒回家。為防止暴徒打爆車窗，所以警車安裝了鐵絲網，丈夫連續 10 幾小時要從鐵絲網縫隙中看路開車，眼都花。

車長是最早開工，最遲收工的一個，捱眼瞓開車時很危險的，只能不斷捽大脾，同事見到他睡眼惺忪，即刻逗他說：「我畀粒糖你食吖！」我很擔心下次他換胎時，萬一警車被汽油彈擲中、車窗被打爛、走不動兼被暴徒圍攻，怎辦？

故事四：丈夫兩次受傷，我是假單親

我丈夫是前線防暴警察，曾經兩次受傷。

丈夫說，以前他會覺得好嬲，但上了前線，沒有那麼嬲，反而是悲哀多一點。經過 7 月 21 日西環一役。打完仗，回想起來，為什麼好似自己人打自己人？他見到後生仔，一旦蒙面戴了口罩，就像蜘蛛俠一樣，有無比力量，但一除下面罩，又變回一個純真和善良的人。這些年輕人本性不壞。但為什麼一蒙了面，便像惡魔上身？

究竟是天使，定惡魔？還未弄清楚，他們拳如雨下的暴力，已經降臨在丈夫頭上。

12 月 15 日聖誕前 10 天，黑衣人在全港發起「和你 Christmas Shop」，有一個女人帶小朋友返興趣班，途經沙田新城市廣場，惱

怒蒙面人塗鴉想阻止時,她突被噴漆噴面「私了」,我丈夫奮不顧身,為救這名女士而被暴徒打傷。

另一次,他為拯救同袍,捉住一個暴徒,馬上有十幾廿個暴徒圍毆他,猛打他的頭,連眼鏡都打爆了!醫生說他有腦震盪,幸好不用留醫。其實,警方的人手根本不足夠。

哪裏有人違法,他們便去哪裏執法。政治問題他們不會解決,我雖然理解市民的訴求,但我不同意他們的手法。如果用顏色分,黃絲的人不會聽入耳,是非界線模糊,對錯上持雙重標準。如果你說警察濫用私刑,那為什麼你們對私了沉默?我覺得很無奈,一放入政治議題,這些人便失去邏輯和理性。

我長期一個女人頂起整個家。我跟同事說:「現在我是假單親,不要阻我收工!」家中爸爸的角色消失了,我們沒有親子活動。早前孩子輪流病,車輪戰送他們去醫院。我自己抱着兒子入院,安排他留醫,搭的士來去。我抱着小兒子搭的士看急症,逕自搭的士走。

當我需要支援的時候,不可以找父母,怕他們擔心,也不能講給小朋友聽,我沒有勇氣說給知心友聽,擔心他們政治立場不同,變得很冷淡,或者虛情假意,我又擔心消息不知怎樣傳。慘得只剩下警嫂,是唯一的支持。

孩子以謊言對抗荒謬

踏入 9 月,有同學問我讀小三的長子:「你爹地是否警察?」他毫不猶豫地說「不」。我該慶幸兒子「講大話唔眨眼」?還是為

警察變成見不得光的職業，而感到悲哀呢？

另一個同學又問他同樣問題，這次他説：「我不想答。」

我現在教他向這些同學説：「你似乎對我父親的職業很有興趣，請留下電話，會有專人覆你。」

試過有活動，需填地址，他辯稱：「我唔識填。」他悄悄跟我説：「我識填的，但我不想填。費事！又不知他們是否黃絲！」孩子的純真，已被這場運動奪去了。

有一天，全港堵路，我們一落地鐵，發現返不了學，小兒子回家在梳化跳跳紮説：「你哋盡情破壞，對我冇影響，我唔驚你，我仲開心，唔使返學。」

網絡的恐嚇太恐怖，那陣子頻頻煽動人去攻擊宿舍。我已經訓練好孩子求生方向，萬一有什麼事，攻擊宿舍，小三的長子帶 K3 的弟弟逃亡。

對方講民主，自己可以大大聲，我們不敢出聲。朋友只敢私下説支持你。社會的洪流，令小學生也不能坦白，不能夠相信別人。

以幽默應對，苦中一點甜

反修例運動開始時，警察像過街老鼠，反對和支持警察大約 9 比 1 吧。我丈夫在荃灣試過為了救同事，身陷險境，發現警車被包圍，足足有 600 至 1,000 人，360 度環迴立體聲，咒罵警察，怵目

驚心。有時警察連續兩個小時，站着被人咒罵，祖宗十八代罵齊。我又試過在黃大仙，見到有人打小人，用詞很毒辣。人的道德觀為什麼去到這麼低？同一個人，如果除下制服，去救人會被讚。一穿起警察制服，便被人罵，真的很有問題。

現在，警察學懂了以幽默應對。

在理工打仗，暴徒瘋狂擲汽油彈。警察說：「你們要革命，行近些，有決心啲，記住你們的目標係我哋，唔好掟到市民！」

我老公憶述：「試過對蒙面人說：『你過來吧，先放下武器，我釋出善意，同你傾下偈。』但沒有人過來，仲走咗嗝！」

到最近，多了一些人出聲，舒服一點。有闊太特登買朱古力給警察打氣，多了市民向警察說加油，是苦中一點甜。試過有一個市民舉起手機屏幕，以為又是偷影警察起底，誰知屏幕寫着：「讚！」全程不出聲，掃一掃，笑一笑，帶點低調地加油。亦有保母車司機駛近，跟警察說：「加油！阿 Sir。」因為警察被孤立得太久了，所以很感動。

故事五：險招滅門之禍！

我們一家整個暑假沒有去玩。唯一的一次，難得爸爸放假，一家人到太子警察體育遊樂會游泳，以為安全一點，卻險招滅門之禍！

那是 9 月 7 日傍晚，剛洗完澡換完衣服，一出來，便聽到叫囂

聲和打爛玻璃聲，我們發現遊樂會只剩下我們一家！整個停車場只剩下我們一架私家車。外邊已被黑衣人重重圍困，聽到有人大鬧：「黑警死全家！」

折返會所，究竟我們應不應該駕車衝出重圍呢？我兩個女兒年紀很小，萬一被堵路、包圍、攻擊，怎辦？有些會所工作的叔叔嬸嬸決定走了，只剩下我一家人，不禁慌張起來！

雖然丈夫休班，但他想支援同事，堅持出去望望。他身上的熒光橙色衫太顯眼了。我真想脫下身上唯一的衣服遮住他！終於給我找到一件 Jacket 給老公。但車牌怎辦？萬一被黑衣人記下追擊，必死無疑。我慌張一望，發現一個紙尿片膠袋，如獲至寶，即將之蓋住私家車車牌。

我們滯留在會所，不知何時逃出生天。我靈機一動，見會所大堂有粉紅色帆布牀，還有零食。於是向女兒撒了個謊：「我們現在玩 wild camp 活動。」女兒説：「好，媽咪，我揀粉紅色那張牀！」我見女兒心定下來，我一顆心就定下來，等爸爸全力以赴。

我強裝笑臉，和女兒玩了幾個小時後，速龍終於趕走黑衣人，我開了雨傘遮住女兒，怕她們畀人認出。馬上跳入車廂，一直踩油，直衝返屋企，途經花墟，那裏有黑衣人在堵路和搞事，但總算闖過去，安全回家，鬆一口氣。

在亂世中搬屋

我自小訓練女兒，向紀律部隊的人敬禮。即使在迪士尼，她會

向 Toy Story 的機械人敬禮。現在我最擔心，就是女兒向警察敬禮。我們以前住在黃大仙警察宿舍附近，見到那裏常被人包圍和破壞，女兒見到害怕極了。5 歲大的女兒因此經常瀨尿，又會哭，小女兒兩歲半，會半夜尖叫。

最近，我們抽籤中了入住油塘警察宿舍，等了 10 年，離開黃大仙搬入新居。本來好開心的，卻變得很擔心，怕被人認出是警察家屬。

幼稚園校長親自打電話來，問我們是否搬了屋？吩咐我們接小朋友放學，要小心。我接女時會左望右望，手袋裏永遠有一個水樽，以防萬一，保護自己。我叫女兒不要認爸爸做警察，以前女兒是為爸爸做警察感到好自豪的，她很嬲地問我：「做乜唔講得？」我推說：「我們來玩遊戲，黑衣人會捉警察，警察會捉黑衣人，等他們不要打爛交通燈，打爛警車，爸爸返工，就是坐這些警車。」

一心想慶祝喬遷之喜，但朋友都跑掉。有感情要好的大學同學，說是來祝賀喬遷之喜，但不喜歡我做警察的丈夫，故意說漂亮的謊言，說反正他這麼忙，不如只我一個女主人就夠了。太離譜，慶祝搬新居，怎可以不尊重男主人？

我跟丈夫說，我沒什麼可以保護到你，誓要捍衛你是男主人的這條底線。不來就罷！

故事六：向孩子洗腦，辯稱爸當救護

我丈夫是第三梯隊，主要保護宿舍和政府建築物。每天工作

十五六小時。兩歲和 4 歲的孩子常常問：「爸爸呢？」因為根本沒有機會見爸爸。我全面封鎖新聞，他們問我：外牆寫些什麼？為什麼寫這些字（指粗口）？他們又問：為什麼有人整爛塊地？我說那些人：「曳曳囉。」我很猶豫，不知道教他們這些觀念是對，還是錯。生怕他們在外面重複這些話，我不想他們向人說爸爸是做警察的，於是我瘋狂向他們洗腦，玩救護遊戲，向孩子說謊——假稱爸爸是做救護的。

孩子在海洋公園見過爸爸做警察，天真無邪地問我：「爸爸有警察衫嘅，仲有委任證……」我死撐說：「我都有買消防員衫喇！」見丈夫放了警察名牌在書桌上，馬上怒睥他。我聽到孩子說：「I am 差人。」嚇得魂飛魄散！聽真一點，原來他說「I am Giant。」我是否精神衰弱呢？

我很氣憤，我做錯什麼呢？每當平日返工，見到黑衣人「和你塞」、「和你 lunch」，我應該怎樣做呢？是啞忍，還是對抗呢？

老公不會和我講工作的，總是說：「沒什麼，你早點瞓。」

現在坐的士，不敢說是去警察宿舍。如果聽到的士司機罵警察：「做乜拉鬼晒啲大學生？社會棟樑嘛！」更會打醒十二分精神。我試過說去警察宿舍，的士司機特登播鄭經翰節目，又突然剎車顛簸上落。我現在只敢說，到順利邨附近，或鯉魚門廣場附近，最後才說：「麻煩你兜上去。」現在是風聲鶴唳，草木皆兵，我連的士司機也不敢相信。

故事七：同學威脅，踢跛你隻腳！

我有一個兒子，他讀小四時，發生佔中。坐隔離的肥仔問他：「你爸爸是否做警察？」他像吃了誠實豆沙包，答：「是。」同學即刻罵他爸爸是「黑警」，又用粗口鬧他，又說我是妓女，「都唔知係咪是夜總會識㗎！」孩子回家問我：「媽咪，什麼是妓女？」

然後很不開心說：「當同學弄傷了手，我幫他執書包，為什麼他這樣對待我？」事後向學校投訴，班主任要求同學道歉，但同學欺凌警察子女的威脅，揮之不去。

報考中學時，我見孩子達 Band one 成績，專登找一間沒有人認識他的愛國中學，以為沒事，誰知面試 3 個半小時，最後不被取錄，反而比他成績差的被取錄。我崩潰了，哭了一晚。

後來他入讀一間津貼中學，發現有同學在臉書中詛咒他「藍絲讀唔成書」，並煽動同學「踢波時踢跛你隻腳！」又在他面前大叫：「支持警察，吞槍自殺！」兒子成為眾矢之的，很嬲怒地質問同學：「你講乜嘢？你講多次！」我後來見到兒子在房中眼濕濕，對他說：「你沒有做錯。」於是向校方投訴，但學校說不能處理。即使有一位很好的老師，天天打電話來問我兒子怎樣，但又如何，兒子走入校園，便面對欺凌。最後，我安排孩子離開香港讀書了。

香港顏色密碼

後記

在整理錄音撰稿時，我重新聆聽警嫂的哀鳴，如泣如訴，我好像掀開了一個個仍在淌血的傷口。警嫂在飽受朋友孤立之外，還要擔心丈夫安危、子女受欺凌……多個月生活在侮辱和恐懼之中，手無寸鐵、投訴無門、欲救無從，她們在陰雲詭譎的政治風暴中，以兩肩為 3 萬警察，咬緊牙關挑起一頭家。

她們用謊言對抗荒謬，用幽默減輕痛苦，用膠水樽抵禦汽油彈和磚頭，用遊戲向孩子隱瞞兵臨城下被圍困的險境，以消極的退出，抵擋親朋好友同事侵略性的利嘴。但最難忍受的，是子女在學校受到集體欺凌，瀰漫香港「黑警死全家」的惡毒咒語，如萬箭穿心。

我不是和你談政治，只想問，香港人的同理心和正義感在哪裏？是否為了你認可的真理，就可以不擇手段，什麼人都可以欺凌？什麼道德都不顧？

我聽過以下一句話：

To be kind is more important than to be right. Many times, what people need is not a brilliant mind that speaks but a special heart that listens.

善良比正確更重要。許多時候，人們需要的不是一個聰明腦袋，滔滔雄辯，而是一個柔軟的心在細意傾聽。

修補香港的撕裂，由聆聽開始。

第三章

人心之回歸

這種新型病毒叫謠言

屈穎妍　作家、時評人

踏入 2020 年，因為一場瘟疫，大家由年頭開始便幾乎取消一切活動，人人賦閒在家，做得最多的事一定是看手機、追疫情。

世界變了，新消息通常都是手機第一時間傳出來，大家怕落後於形勢，一收到就轉發，已沒了思考空間。於是，病毒未到，謠言已來；病毒未打倒我們，謠言已嚇怕大家。

關於疫情，最早期流傳的假新聞，是駭人的蝙蝠湯。一隻死不瞑目的蝙蝠浸在熱湯上，那震撼畫面，植入大家的潛意識，於是，「武漢的蝙蝠湯」，成了非常成功的第一擊謠言，儘管已有澄清證實那蝙蝠湯是西太平洋島國帛琉的料理，但入了腦的印象，不易鏟除，以後大家看到蝙蝠，都覺得關武漢事。

之後又有人傳出一段視頻，據說是武漢醫院內的慘烈情況，鏡頭拍着 3 條捲成一團的棉被，說這是 3 具屍體，死了就這樣被丟棄在醫院走道，沒人有餘暇處理。

又是震撼信息，謠言除了要講得像真的一樣，還要有嚇人觀感，才能成事。雖然官方立即澄清，那是病人家屬在醫院守候太久，累得席地睡着了，因怕病毒感染，故把自己捲進棉被中睡。但我相信，3 具死屍的故事一定比 3 個睡着的家屬來得引人入勝，大部分人都寧願相信前者。

還有「一賭場女荷官在武漢回來後上班，忽然倒地」的閉路電

香港顏色密碼

視畫面，也被渲染成澳門永利皇宮失守、病毒已在賭場散播的驚魂。最後賭場已澄清絕無此事，但傷害已造成，烙印很難洗擦掉。

潛意識喚醒人的恐懼

早陣子聽了一位催眠專家的演講，談到人有意識和潛意識，很合今天社會形態。

人的意識有兩種，第一種是一般意識；餓了吃飯、冷了穿衣、傷心會落淚、驚恐會大叫……這些都是意識，是條件反射。第二種叫「潛意識」，這名字我們聽得多，稱之為「潛」，當然是潛藏心底，所以催眠專家說，潛意識不易被觸動，但一經誘發，力量卻可以比意識大許多許多倍，而引發潛意識的點燃劑，最常見的就是震撼畫面。

催眠師舉了個例子，他有次在酒吧如廁，洗手時忽然有個醉漢衝入廁所嘔吐，嘔吐物剛好噴在他洗手盆正在洗的雙手，那個兩手接過嘔吐物的震撼畫面，觸動了他的潛意識，從此他在街外廁所洗手都會產生莫名恐懼，洗手時一有人推門進廁所，他就會本能地縮開手。潛意識的力量，影響不單很大，還可以很長久。

所以，那隻浸在熱湯裏死不瞑目的蝙蝠、那醫院走道上3具「棉被死屍」、那個賭場閉路電視裏忽然倒下的荷官……都是一些震懾畫面，觸動了許多人的潛意識，喚醒難以磨滅的恐懼。

反對派的心理戰

看通了，就明白，這不單是一場疫戰，還是反對派借瘟疫打出的一場心理戰，為的是要讓大家人心惶惶，聞武漢色變，聞中國色變。

當謠言傳得比病毒還要快，當謠言造成的恐慌比病毒還要大，我們就要清醒想想，你的恐懼真的是自然反應？還是已被操控了？

同理，持續將近一年的黑暴，當中散播的仇恨與恐懼，其實也是源於許許多多謠言及假新聞，這些故事、畫面、影像、文宣……就像上述那堆惡心嘔吐物或者那鍋嚇人蝙蝠湯，一擊即中好多香港人的潛意識，潛意識一經挑動，力量很大，而且極難磨滅。

其中一個激發潛意識的震撼畫面，就是「爆眼女」那張照片。2019 年 8 月 11 日，尖沙嘴警署外的暴亂中，一名樣貌娟好的黑衣女子忽然倒地受傷，現場記者拍的照片顯示，該女子右眼角在流血，而兩眉之間有個龍眼般大的腫脹。

大家看了照片的第一感覺，就是這女子眼睛中彈或者中彈珠，再生的印象，就是這眼睛肯定救不了，這美女一定變瞎子。於是，猜測加上同情，再配以不同文宣的演繹，已經沒有人理會真相，大家一致叫她「爆眼女」，她已被大家的潛意識「確定」為一年輕美麗的「盲妹」。

反對派開始玩遮眼手勢，叫喊的口號一律是「以眼還眼」，包

着眼的形象成了抗爭圖騰，大眾的情緒由憐憫變成憤怒。反對派的潛意識已把此事定性為「警察開槍打爆美女眼睛」，而藍絲也會認為此女子是被手足的彈珠意外射「盲」。

直至大半年後有一天，我碰到一位警察朋友，原來他有份調查爆眼女事件，他問了一個我從未想過的問：「誰告訴你那女子盲了？」

如遭五雷轟頂，我的悸動是真實的。這個問號，把我對爆眼女印象的潛意識擊倒，對，從來沒有人告訴過大家爆眼女盲了，當事人沒現身過、醫生沒出來過、家人沒哭喊過⋯⋯爆眼女盲了，從來都是大家的想像，從來都沒得到任何證實，爆眼女甚至不惜一切阻止此事被證實，當警方向法庭申請了手令向醫院索取醫療報告，爆眼女立即申請禁制令禁止警方閱讀及公開，這當中到底有什麼見不得光的內容，令當事人眼睛被打瞎也堅持不報警，堅持不讓人知道身分，甚至連行蹤至今仍是個謎？

如果這是謊言，這謊言就是基於大家的潛意識印象：爆眼。試想想，如果她的眼睛好好的，謠言不是不攻自破嗎？

據說爆眼女只住了四天醫院，盲了眼睛，只留院四天？做一個視網膜手術也不止吧？當我們一直在找身邊的獨眼女子，可有想過，她其實跟我們一樣睜着雙眼看世界？

我們正常人經常說，一些完全沒討論餘地的暴力，為什麼仍有那麼多人站在暴徒一方為他們說情？

用片面謊言掩蓋真相

原來，我們雖然活在平行時空，但看的世界、接收的資訊卻完全不一樣。在資訊爆炸的今日世代，因為大數據操控了信息發放方式，我們以為看到的「真相」，其實都是狹隘的片面。

舉個例子，2019 年 10 月 6 日一場反對《禁蒙面法》遊行期間，一輛的士在深水埗意外剷上了行人路，撞倒 3 名行人，當中一名南亞裔人士受輕傷，另外兩名傷者均為年輕女子。的士司機因此被暴徒拉出車廂圍毆行私刑，被打到頭破血流，倒地不省人事。

我們以為，如此證據確鑿、滿臉鮮血的暴力，黃絲黑暴該無話可說吧？原來，平行時空裏的年輕人，接收的完全是另一種資訊。我家女兒手機天天收到友儕傳來的黃訊息，她給我看一幅圖，那是一張雙腿腿骨盡碎的 X 光片，女兒說，同學都在罵那的士司機，說他把女子的腿撞斷了，這女孩十來歲，此生將殘廢。

回到前面所說震撼畫面挑動的潛意識，我們看到的驚慄是血流披臉，反對派用來打倒那位滿臉鮮血「廢老」的，則是一張年輕女孩的斷腿照，那張圖，沒有模糊的血肉，卻有觸動心弦的想像空間。我看了，內心也真的悸動，暗暗嘆了句：「嘩，腿碎成這樣……」

翌日，看到互聯網上有人踢爆，原來那張斷腿 X 光片在外國購物網站有售，一模一樣，售價 13 美元（折合港幣約 100 元）。快速辟謠，令謊話流傳不下去，否則這雙腿一定會成為另一個「爆眼女」謊言。

　　所以，我們怪不得年輕人為什麼會對那些「八三一」死人事件、新屋嶺強姦事件信到十足，因為他們被餵飼的，是我們絕對看不到的資訊。於是，這幾個月，類似如下的對白在警局屢見不鮮……

　　譬如警察刑偵隊員跟被捕孩子落完口供，大家都有點餓，有人出去買了雪糕回來，警員分了一支甜筒給眼前的被捕少年：「食啦，無毒㗎！」

　　警員問舔着雪糕的少年：「阿 sir 待你如何？」
　　「OK 啦。」
　　「阿 sir 有沒有打你？」
　　「沒有。」
　　「阿 sir 有沒有強姦你？有沒有雞姦你？」
　　「沒有。」
　　「那麼阿 sir 是不是黑警？」
　　「你好人啫，我好彩啫！」

　　即使經歷過、即使被善待過，他們仍然堅信，「警暴」是存在的，有人真的被強姦，有人真的被折磨，只是他好彩，沒遇上。

　　有警察拘捕了孩子回來，疑犯挺着胸合起眼說：「來吧！」
　　執法者問：「來什麼？」
　　「打我！」
　　「唉，我真係冇你咁得閒！」

有個女警告訴我，有次抓了一大班參與暴動的女學生，回到警署叫她們坐成一列等落口供。這批女孩子竟然手牽着手拖成人鏈，一邊哭着唱《榮光》歌，一邊雙手在顫抖。女警問她們在幹什麼？她們説：要姦要殺，悉隨尊便。説時，手還在抖。

　　女警沒好氣的看守着她們，結果這班女孩子足足抖着哭了一句鐘。可見，她們是真的害怕、真心相信，警察會把她們一個一個強暴。可見，謠言鑲進了人的潛意識，是絕不會止於智者。

　　所以，要破除謠言，工程很浩瀚，戰線也很漫長，因為我們對抗的不只是一個簡單謊言，而是埋進腦海深處、潛意識裏一個個刻骨印象。但難也必須要做，或者，就由揪出詭秘的「爆眼女」開始。

這種新型病毒叫謠言

千名少年的血淚控訴

河 言　香港教育工作者

「上通識課時老師説我們要認清楚共產黨的暴政。她沒有説明共產黨如何殘暴，只是要我們分組蒐集共產黨做過不同類型的暴政資料，然後在課堂討論。有些資料是很驚人的，例如共產黨捉了異見人士然後活生生劏了他們的內臟賣給有錢人做器官移植。老師説全世界只有兩個政權大規模搞集中營和屠殺異見人士。一個是第二次世界大戰時的德國納粹黨，另一個是今天的中國共產黨。《中英聯合聲明》規定港人治港，但共產黨想接管香港。我們都是很怕共產黨的。我返屋企都有和阿爸阿媽提及，但他們好似對這些事情無興趣。」一位讀中四的學生對我説。

全港有多少學生受到這樣通識教育的影響？根據官方數字，警方截至 2020 年 2 月初一共拘捕了 1,249 名 18 歲以下青少年，包括 13 歲少年因焚燒國旗而被捕，亦有 12 歲小童把竹竿投擲在東鐵路軌而被捕。以街頭動亂「逢十捕一」的保守估計，1,000 人被捕便等於有約 10,000 名青少年衝在抗爭最前線。

10 年前的香港，逾 80% 的香港中二學生熱愛國家，79% 則表示以「身為中國人」為榮。這兩組數字來自 2009 年公布的全球最權威的跨國學生調查——《國際公民教育研究（ICCS）》。10 年後的今天，如果做同類調查，又有多少中學生會表示熱愛國家？

2019 年 6 月前的香港，就是面對有血海深仇的仇人，港人也只會訴諸法律；但今天的香港，可以只因政見不同而令青年人對陌生人淋電油後火燒，私下了斷取代了訴諸法律。香港的大面積激進化，

香港顏色密碼

在短短的 8 個月內以超高速的按部就班逐一完成：由大規模的和平遊行，到警民對峙，警民推撞，警方噴胡椒噴霧，黑衣人大肆破壞立法會，警方發射催淚彈、布袋彈，黑衣人凌虐普通市民，元朗白衣人打黑衣人，黑衣人大規模堵路、大肆破壞地鐵、大肆破壞商舖、投擲燃燒彈，警察開實彈槍，黑衣人佔領校園、切斷吐路港公路、斬斷東鐵、癱瘓新界東、封鎖紅隧，警方搜出炸藥、實彈手槍和步槍。回頭看看暴力的升級與蔓延，是這樣直線上升。

2019 年 6 月前的香港，就是黑社會最兇狠毒辣的打手，亦不至於在眾目睽睽之下施暴製亂，但今天一直以來循規蹈矩的中學生居然會使用極端暴力，甚至在明知一定會被拘捕的情況下可以不顧後果用刀刺警。為何我們的大好青年會變得如此？

反修例抗爭是一場「無理＋暴力」的抗爭教育。《逃犯條例》已經正式撤回，但「無理＋暴力」這條抗爭方程式的成功已被確立，一大批青少年學生亦經此完成抗爭教育，成為反中抗爭無限伸延的力量。

我曾近距離去觀察和感受我們青少年暴力抗爭的現場。望著他們稚氣未脫的面孔，我見到的是憤怒和仇恨，是天真虔誠的義無反顧。我撫心自問，豈能怪罪他們？他們是我們教育出來的！知錯方能改，但他們覺得自己對，豈會改？為什麼在對與錯這樣基本的問題上我們的立場竟截然相反？這明顯不是個別學生的問題，而是我們的教育和媒體生態出了問題。我們的教育，在學生的腦袋種下根深柢固的偏激。教育如不改革，暴風少年的問題，將會永續。

134
千名少年的血淚控訴

教育改革千頭萬緒，但起點很清晰：通識教育。傳統科目如中英數理化地理歷史不會讓學生變偏激，通識教育會。

　　人類從野蠻步入文明的歷史，就是以理性方法取代暴力去解決問題。暴力和非暴力的分界，就是野蠻和文明的分界。非暴力是文明世界的普世價值。但我們通識科老師如何教導學生去看待暴力？我們可以從「香港通識教育教師聯會」一則有關暴力的公開聲明得到答案，了解通識科老師如何教導我們的學生：「具體情況中，即使暴力抗爭，教育界已早有共識，討論時教師必須秉持中立，為學生提供正反均衡的意見。」

　　以上是來自「香港通識教育教師聯會」於 2016 年 11 月發表和一直沿用的公開聲明。從這份公開聲明的荒誕，可以看到通識教育的荒誕。在通識教師聯會的眼中，暴力竟然是中性的！老師對暴力必須提供正反均衡的意見，即是對暴力的任何負面評述，老師必須用同等分量的正面評述來均衡它。暴力原來有無限空間來作正面論述。正面看是暴力，側面看是俠義？是勇武？街頭暴力如是，校園暴力如是，性暴力亦如是？

　　聯會的聲明還表示，老師「需清楚指出法例以及風險所在」。該聲明不要求老師指出使用暴力的對與錯，連「暴力是違法」亦毋須陳述，卻要清楚指出「風險所在」。如果沒有風險，例如在使用暴力時戴上黑面罩，沒有被人認出的風險，沒有需要承擔刑責的風險，就可以安心使用暴力？

　　白紙黑字的公開的聲明中可以這樣明目張膽地縱容暴力，在課

室裏面，在無需問責的情況下，他們會如何教導學生？

當年作出這個遺害深遠的「正反均衡暴力論」的通識教聯會主席，就是在這次反修例抗爭中因發表「黑警死全家」的仇恨言論而遭教育局發出譴責信的老師賴得鐘。通識教聯會聲明説，在與學生討論暴力時秉持中立「是教育界的共識」。我相信這只是「通識教育界」而非整體教育界的共識，因為我作為教育界一分子，從沒聽過教育界曾達成這個教壞了一整代學生的共識。

傳統科目包括中英數理化地理歷史有一套完整和客觀的學問體系，老師的主觀價值，難以影響教學，而課程亦不涉及學生的價值觀和意識形態，不會令學生激進化。通識教育卻完全沒有一套完整和客觀的學問體系，純粹以議題式教育，對於涉及政治和價值觀的議題，學生自然深受個別老師的主觀立場影響。故此，通識科老師對學生影響深遠。

我沒教過中學通識科，只教過大學通識科。在一些難定對錯的意見爭議中，課堂討論完畢時學生最心急想知道的，是老師最終的立場，因為學生普遍認為老師知識廣博。我教通識的第一課，總是貌似中立地刻意誤導學生達至偏頗的結論，讓偏頗的結論成為全班一致共識之後，才拋出更穩妥合理的相反意見及理由，讓同學恍然大悟，重新達至一個與前相反的新共識。如果不拿出另類更穩妥的意見，偏頗的結論便成為學生帶走的知識。大學生都這樣容易受老師影響，何況中學生？

通識科大量採用新聞時事和社會議題作教材，直接影響青少年

意識形態的形成。通識科老師立場各異，各施各法，唯靠課程標準和完整的教材來作小小的彌補，偏偏通識科享有此特權。高中學科24門，連「旅遊與款待」等非傳統中學科目都由教育局設定「課本編纂指引」作為標準，教科書要提交教育局審核。通識科這門對學生影響最深遠的科目卻不設標準，亦沒有教科書要審批，直到2019年10月中學生大規模參與暴力抗爭，教育局才表示設立一個「自願參與」計劃，讓通識科教科書自願送交教育局作「專業諮詢」。這豈能保障課程質素？

誠然，通識科改革始於董建華時代，多年來所積聚的問題盤根錯節，實在不能深怪現屆教育局。現屆教育局起碼願意檢討通識科，但該檢討被通識科圈內人把持。只要看看通識科可以在短短10年間，一躍成為高中生必修必考而且晉升大學必計分的四大科目之一，便知道通識科老師影響力之大。

但修例風波一役，充分顯示通識科必須要改。我認識不少同學對意見紛陳的通識科深感厭煩，希望改修紮紮實實的學科，為何不給他們選科的自由和權利，而強迫他們不但要念，還必定要考，而且升讀大學必定要計分？將通識科從必修必考改為選修科，是理所當然。

通識課的引入，原本是因為當年中學生過早文理分流，導致他們知識不夠廣博，於是設計了這門綜合學科，目的是豐富課程的科學和人文內涵，讓學生文理兼備。但在實施過程中，通識科變了形、走了樣、背叛了初心。原本以廣博及綜合知識為本的學科，變質成為背離了一切知識體系、純粹以時事新聞為主的自由發揮科。中英

數三科是日常生活必需品，無人會質疑晉升大學為何必須考這三科。通識科浮光掠影的議題討論，沒有一套學問體系，豈能與中英數並駕齊驅，成為升讀大學必修必考必計科？

通識科教師聯會將暴力合理化，導致千餘名中學生因違法而被捕。他們之中不少會被判坐牢，前途盡毀。這數字還未計算因參與暴力抗爭而受傷的同學，這些被捕和受傷的同學，因為少不更事而被通識科誤導。他們付出了血和淚的代價。他們的血淚，是對通識科的控訴。教育局要香港再流多少血淚，才會垂聽教育界的 3 個小小訴求，以救救我們的孩子：（一）將通識科從必修必考改為選修科；（二）為通識科制訂清晰的課程指引和教科書綱目，而教科書及教材必須呈交教育局審批；（三）將通識科的考試成績只定為合格和不合格，不影響晉升大學的機會。

國民教育的源頭活水在哪裏？

何漢權　香港教育評議會主席

中國歷史「五四運動」100 年後的 2019 年，對所有關心與愛護香港的各界人士來說，腦海會浮現不安與不快，再定格成一頁痛苦的歷史！對參與違法與暴力而被捕、被控告的，特別是眾多年輕人來說，是讓人難過的。而「清醒」煽動點火，又口甜舌滑的政客竟說，被捕、被判入牢，將令人生更精彩！2019 年香港社會失序的幾個月，不想回憶，未能忘記，「暴」字在港九新界各處，以血漿張貼，顛覆了香港長久以來的包容、多元、安全、和平、友愛的核心價值。半年間，香港為何淪落如斯境況，未來香港前路又會如何？政治愈掛帥的社會，後遺症愈大。走過 2019 年，香港仍然艱難，要突破困境，香港特區政府及全民各界，必須攜手對症下藥，香港方能成為火鳳凰。

特區回歸 23 年，「一國兩制」在實踐中，說易行難。英國人殖民地管治超過半個世紀，由此栽種的管理經驗、法治制度，以及政治、社會、文化、教育全覆蓋。回歸後，「兩制」奔馳，「一國」墮後，國民身分認同愈感乏力，加上近年中美矛盾衝突的恆常化，香港要左顧右盼，向心一個中國更遇到重重關卡的攔阻。

2003 年，香港特區政府要進行第 23 條的國家安全立法，引發首度「七一大遊行」反對立法，響起對「一國」質疑的第一炮。隨後，內地和香港關係開始緊張，香港亂象日益嚴峻，原因有千條萬條，但毋庸諱言，學校全線教育，連大、中、小以至幼稚園的教育確實出現問題。問題的焦點是在課程上、師資培訓上，乃至學校的管理階層上，都未有認真、全面地認識「根」的教育的重要。「根」者，

國史、國學、國情三合一的教育之謂，「三國」的教育也可籠統稱做「國民教育」，這是錢穆先生所説的。凡一國之民，當對一國之歷史要有初步的認識和了解；一國之民，對本國的歷史發展當有溫情敬意，當有同情諒解。

改革開放 40 年，內地是蓬勃興旺，「一國兩制」下的香港，發展情況卻讓人惆悵失望。顯露在 2019 年的政治狂飆，暴力橫生，大學生、中學生乃至小學生「自然」介入，外圍情勢複雜，但對部分激動的「無私」學生而言，只要多喊幾聲「支那」，多舉幾次「港獨」旗幟，香港就有很好的未來，把複雜事情簡單化。順藤摸瓜，主線就是，大部分學生對國史、國學、國情一知半解，再被網媒、紙媒、社交平台片面的，甚或虛擬製作的資訊強力扭曲引導，「中國大」、「中國惡」的嚇人信息不斷加持，於是，反「警暴」、「反特區政府」以及「反中國政府」順手湊合在一起，高唱「革命」之歌，感覺十分美好！

從教育現場看，還是要從 2001 年説起。是年，教育局課程發展處推出《學會學習：課程發展路向》文件，將全港中學各個學科統合成八大領域，一直可以獨立成科的中國歷史科要寄生在「個人、社會及人文教育」領域，自此，國史科失去重要的獨立位置，而舊制着重培育預科學生中華文化情意教育的「中國文化科」，又因新高中文憑試推出而壽終正寢。與此同時，新設的新高中文憑中國語文科，取消範文考試，再隨着 2009 年新高中文憑考試全面進入高一課程考試圈，中、英、數及通識科四大核心科目的必修必考，其餘如中國歷史、中國文學等，都不得不退避三舍，至 10 年已去，香港中學生的國族文化與民族身分認同，何處透過學校教育覓吾土吾民？

「一國兩制」中的一國是中華人民共和國，在實體的地球上，一國必有國史，國民認知國史是應有之義，學校教育是必須要盛載並推行國史教育。這與美國、日本、韓國等相同，並無軒輊。事實上，國人學習本國歷史是以主體一員的身分去感受和體驗，去鍛煉作為一個國人的品格和勇氣，去追尋作為國人的義務和責任，這樣的學習自然是有意義的。中國人之於中國史，正如美國人之學習美國史一樣，主體不可取代。歷史記憶和歷史體驗是樹立國家觀念和民族意識的主要途徑。早在英殖年代的 1904 年，時為香港皇仁書院（前身為香港中央書院）校長的 George Bateson Wright（胡禮）博士，已在工作報告中毫不含糊寫出：「基於政治考慮，我強烈反對教授中國歷史，因這樣，會把香港變為大陸革命分子的溫牀。」直至 1945 年二次世界大戰結束，英殖民政府才開始在中文學校開設歷史科，但分中國部分及世界部分，中國歷史雖然未能完全獨立成科，但約定俗成，香港主流中學的初中階段，多有中國歷史科設立。時間飛逝，九七回歸，「一國兩制」的香港，焦點在兩制，完全未有正視認識國家的重要陣地，其時的課程發展處，倒是將通識教育科高高舉起，國史教育低低放下，連初中階段的中史獨立成科都可打散、切割、合併於其他的學習領域裏去！香港學生的國民「身分」漸漸被剝奪而不自知。

幾經波瀾，中國歷史科終於在 2020 年，於全港中學初中階段恢復獨立必修科的地位，但虛弱已久，復蘇需時需力，專科師資培訓、授課時間、活動空間當有必要正視。教育局的資源支援，教師的任重道遠，最是關鍵，知易行難。抗戰時期，國學大師錢穆先生關於歷史與民族文化關係高屋建瓴的總結是其論述中最為精彩的內容。他指出：「當知無文化便無歷史，無歷史便無民族，無民族便

無力量，無力量便無存在。所謂民族爭存，底裏便是一種文化爭存。所謂民族力量，底裏便是一種文化力量。若使我們空喊一個民族，而不知道做民族生命淵源根柢的文化，則皮之不存，毛將焉附。目前的抗戰，便是我民族文化的潛力依然旺盛的表現。由此言之，今日史地教育更重要的責任，卻不盡在於國史知識之推廣與普及，而尤要的則更在與國史知識之提高與加深。」確實，在香港學生陷入國民身分認同危機的當下，錢先生的話，是賦予教育局及中小學教師們的重要提醒！

既往不咎，來者可追，國民教育就是國族身分與價值認同的教育，毫無疑問，是要往國史教育裏栽種，不走捷徑。雖然各學科自有其教學內容，亦會培育批判能力（Critical Thinking），但作為國人學習的國史科，不管左批右判到怎樣的境界，花果不管怎樣飄零，最後必會回到落葉歸根處，這是中國歷史科的不可取代之處。最後，筆者願意將國史教師中心（香港）於 2019 年舉辦之「年度中國歷史人物選舉」活動，作為案例，指出學校教育外，民間社會如何播種「根」的教育種子。

筆者深信，歷史發展，內因外因結合，獅子山下，維港兩岸，東西文化早已薈萃，中華民族血濃於水，東江不會斷流，這裏記錄連香港在內的國史，土壤最是肥沃，言論出版教學都自由。國民教育的根本實源於不黨不私的國史教育，唯有從川流不息的國史長河裏，方有國學深邃文化可知、才能理解國情的大局與小事的發展，明白建國維艱。

國史教育中心（香港）自 2018 年開始，舉辦年度中國歷史人

物選舉，找尋以當年今日的歷史大事為主題，由專家學者擬定5位歷史人物，供中、小學界的學生自由參與的票選。2019年，是五四運動百年，以中國近代史學者周佳榮及丁新豹教授等組成「選舉團」，選出留美自由派的、師從杜威、大力推動白話文的，亦曾到港大接受榮譽博士學位的胡適；創辦影響力甚巨的《青年雜誌》，發表「敬告青年」六大主張的中國共產黨第一任書記的陳獨秀；肄業於上海英華書院、留學美國，力主中國參加第一次世界大戰，藉此增強國家在國際地位的外交家顧維鈞；棄礦學、地質學及醫學而從文，以喚醒國人，師隨章太炎，也曾到香港實地演講的魯迅；北京大學校長、晚年在香港度過並卜葬於香港仔華人永遠墳場的蔡元培。5位都是五四時代的風雲人物，亦是飽學之士，對文化、時局都有諸多的批判，但愛國愛民族愛鄉土的情懷，始終如一。

從國民教育角度看，2019年香港最艱難之處在於學生的國民身分認同、價值認同出現很大的困惑危機，年度中國歷史人物選舉期間，亦遇上因反對逃犯條例修引起的社會大動盪，學校又有幾天的停課，欲選無門。但有效的選票顯示，參與的學校同樣超百，合共106所。此一結果，映現出香港學校的師生，對中國歷史人物認知，仍有很大的關心與渴求。當然，學生能有份參與的投票感，由此產生的「擁有感」效應亦不容小覷。3個星期的選舉期，在毫無利益的前提下，「選民」可以相對冷靜地投票，魯迅以12,200多票，膺選2019年度中國歷史人物。或許，選魯迅的，他們知道，甚或念完魯迅的兩本白話文小說：《狂人日記》（1918）、《阿Q正傳》（1921），看懂了《自嘲》一文中「橫眉冷對千夫指，俯首甘為孺子牛」的箇中意義！又或許，因魯迅曾經到過香港，主講「無聲的中國」及「老調子已經唱完」，因而有點情感地域與身分的牽連；

而香港學校的課程設計裏，長期有魯迅的篇章載錄，供學生研讀，亦是對魯迅當選有利。事實上，1936 年魯迅離世，郁達夫在《懷魯迅》裏曾說：「沒有偉大的人物出現的民族，是世界上最可憐的生物之群；有了偉大的人物，而不知擁護、愛戴、崇仰的國家，是沒有希望的奴隸之邦。」今天看魯迅，文學的人生是否偉大，當有不同的說法，但「一國兩制」下，香港學生多認識中國歷史有血、有肉、有靈魂的人物，當會明白中國人並不醜陋，中國文化承傳創新的足迹，是永遠值得追尋，亦甚有價值。

2020 年已踏上歷史舞台，演繹歷史人物，是呈現時代精神，亦顯示時代的局限。國人、國史、國魂，必須結合，抽刀無法斷水，中華民族文化延締數千年，毋須也無法斷、捨、離。錢穆先生在《國史大綱》提出「治國史之第一任務，在能於國家民族之內部自身，求得其獨特精神之所在。」香港，早已回歸中國，但英殖年代崇拜西方文化與價值依然濃重深厚，從國民教育角度看，也就引起著名英國歷史學家湯因比，早於半世紀前的預言：「以中華文化為主的東方文化和西方文化的相互結合，將是人類最美好和永恆的文化。人類要想解決 21 世紀的問題，必須到中國的孔子思想和大乘佛法中汲取智慧。19 世紀是英國人的世紀，20 世紀是美國人的世紀，而21 世紀是中國人的世紀。」這番「過時」的話，香港部分師生是不知，抑或知而不信。但當今仍然是最強的美國人，卻是相信湯因比預言的，否則，美國不會如此全方位打壓中國，但歷史的發展，很多時候都不以任何強橫的一己意志而轉移！

異乎哉，「失去了一代青年」論

何亮亮　資深媒體人

2012 年香港中學生的反國教運動初戰告捷，2014 年中學生又衝在佔領運動的第一線，為舉世學生運動所僅見。佔領運動表面上無疾而終，實際醞釀着更大規模的社會動亂，2016 年的旺角暴亂就是一個序曲，在那次運動中提出「光復香港、時代革命」口號的大學生參選立法會補選，一舉成名。當時就有人認為，北京以及香港政府不了解這一代香港青年，因此將失去這一代青年。此說在持續到現在的「反送中」運動中，更成為一種主流論述，很多人也不思考，就認定「失去了這一代青年」，甚至失去了香港。

這種說法，將參加反國教、旺角暴亂和「反送中」的少年和青年當作香港一代青年的代表，此說大謬。香港的青少年約為 160 萬人（政府統計處資料），參加反國教、旺角暴亂和「反送中」運動最多只佔其中的百分之幾，憑什麼將這百分之幾的少年和青年，當作香港青年的代表？

或謂，參加反國教、旺角暴亂和「反送中」的少年、青年，不是為了一己私利，而是關心香港的社會、政治問題，他們具有相當的香港人身分認同，不認同中國人的身分，也不認同中國文化，他們無私無畏，敢於站在社會運動的第一線，讓香港的中老年看到了香港的前景。未來，再過十幾二十年，這部分青年必然成為香港社會的主流和精英，未來香港的政治權力也將掌握在他們手中。所以這一代青年代表了香港的未來，而香港政府和北京無視這一批少年和青年，所以就失去了這一代，也失去了香港。

　　這種說法，完全以靜止的角度看待青年問題。這一批少年和青年，尤其是十幾二十來歲的少年和青年，他們會成長，他們會面臨所有人在進入社會之後必然遇到的人生考試：成家立業，一旦成家立業，人的想法與做法，就與叛逆期不同。會有最多數百名青年以政治為業，例如通過選舉進入區議會、立法會，還會有個別人成為職業的街頭抗爭者，但是大部分青年在成家立業前後，思想和行為會更成熟，不可能一輩子激進和勇武。

　　香港是一個非常功利的社會，不要看現在有所謂「黃色經濟」，也不要看 2019 年 11 月區議會選舉有大批年輕的政治素人當選，這不是香港社會常態，未來也不可能成為常態。選民會用選票懲罰政府或是表達對北京的不滿，但是當選舉結果最後懲罰了自己，選民就會改變。一些小店、小公司的老闆特別是年輕的老闆，可能出於相同的政治立場或同情心，僱用那些在旺角暴亂和「反送中」運動中曾經被捕、受到法律懲處的年輕人。但是大部分公司和政府部門，是不會對他們敞開大門的。至於勇武者成為立法會議員甚至政府高官或特首的可能性，就不言而喻了。

　　在「反送中」運動中，大批青少年積極參與，也不惜以身試法，引起西方媒體關注，但是沒有人深思，為什麼只有在香港這樣的富裕地區會發生顏色革命，而且青少年是主力軍，究竟是為什麼？許多文章都論述了香港現在的教育制度和中年人為主的教師以及家長，以及更重要的是社交媒體對這些青少年的影響。

　　北京對香港青年確實了解不多，正如北京對整個香港社會了解不多。回歸以後，北京一直以不干預、放任自流作為治理香港的主

要方針，包括對香港的「反送中」運動如何處理進退失據、舉棋不定，要求香港政府止暴制亂而非平定暴亂，要求香港警察按照佔領運動時「不流血、不死人」的要求對付暴力騷亂，使得青少年得以抱着「酷」的心態，參與暴亂而不會依法受到懲處。而 2011 年英國的倫敦暴亂，大批參與的青少年被捕之後，都立即被起訴、被依法處理，與香港的情況完全不同。這是香港一部分青少年積極參與運動甚至成為勇武者的重要原因。如果香港司法機構像倫敦司法機關那樣從快處理暴亂參與者，香港的青少年不可能如此意氣風發、鬥志昂揚。因為他們的老師和家長也一定會勸阻他們，而現在教師和家長即使不是鼓勵他們，至少也是默許他們的。鼓勵和默許未成年人參與暴亂，這在西方國家是不可想像的。

同樣，如果以西方國家為參照，也沒有一個西方國家的社會運動，是反對本國文化、反對自己所屬的國家和民族的。法國的黃背心運動持續至今，還結合了大罷工，民眾舉着法蘭西國旗投入示威。美國的黑人青年多次參與騷亂甚至暴亂，更多的是反對種族歧視與社會不公，而不是反對美利堅文化。像香港這樣大批人特別是青少年舉着外國國旗遊行，又動輒撕毀破壞中國國旗的，舉世無雙。香港社會一部分人包括一些精英欣賞這些青少年，當然也反映了他們自己「去中國化」的心態。

問題就在於，一個人可以不認同自己所屬的國家和文化，但是反對和侮辱這個國家和文化，以至於觸犯法律和引起大部分同胞的不滿，就不能以言論自由、思想自由為自己辯護。

把中國稱為「支那」，認為中華文明劣等，以此作為主要訴求，

這些人無論是否是青年，難道以為這樣做，自己就是西方文明的一部分了嗎？自己就是精神上的西方人了嗎？中國內地有所謂「精日分子」，即精神上的日本人，他們也是把中國稱為「支那」，並且全然否定中華文化和中華民族，只是人數極少，但與香港這部分少年和青年如出一轍。

在香港的暴亂中，人們已經見慣了青年為主的暴徒見「中」就砸，包括中國的國企或是機關乃至於國產品牌，如中國銀行、中國旅行社、聯想、小米甚至同仁堂的店面及招牌；甚至沾「中」就砸，如美心集團所屬各種餐飲店，並且一而再、再而三地砸，這是什麼心態呢？是西方文明社會的做法嗎？（雖然有法國示威者砸奢侈品商店，但那並非反對法蘭西，而是針對上流社會。）唯一能夠使人聯想的，是 2011 年秋季中國大陸各地的反日風潮中，見日系品牌就砸的「義和團心態」；再往前看，120 年前「庚子事變」時，義和團見洋就殺、就砸的心態，與香港暴徒見中就砸，還不是一脈相承嗎？反什麼中？他們就是中國人劣根性的產物，魯迅早就剖析過這種劣根性。香港雖然號稱是國際先進都會，但是從「反送中」運動以來持續出現的「反中」口號與行動，證明即使社會表面看來是「西化」的，骨子裏卻沒有擺脫中國人的劣根性。

2020 年初開始蔓延全球的新冠肺炎危機中，世界多地出現針對華人（甚至韓國人和新加坡人）的惡言侮辱甚至暴力攻擊。據報道，有香港學子在澳洲、美國被辱罵「中國病毒」，他們分辯：「我們來自爭取民主的香港，我們不是中國人。」但罵人者根本分不清中國人和香港人。也有在海外的台灣青年遇到類似情況，大聲說「我們不是中國人，我們來自民主的台灣。」罵人者根本不理睬。不知

道這些無法洗刷自己中國人身分的青年，在經歷嚴酷的疫情，逃離英國美國回到香港之後，是否會有所反省。不過從香港社交媒體上一些青年人的言論來看，他們還是堅持「去中國化」，他們認為一切都是中國的錯，中國控制疫情的一切報道和數字都是假的，只有民主才能戰勝疫情。被洗腦到了這種程度，已經完全脫離客觀世界，或者他們只生活在自己想像的「去中國化」的空間裏。

具有這種劣根性而又得不到矯正與改進的這部分少年和青年，極其量是巨嬰而已，如果拒絕長大成熟，最終只會被香港社會拋棄，而不可能主宰未來香港的命運。

異乎哉，「失去了一代青年」論

全民記者時代下，「真相」已死？

黃芷淵　香港鳳凰衛視高級記者

2019 年，香港發生的一切，震驚全世界。

那段日子，我一直在示威現場採訪，觀察局勢的最新發展和不同政見人士的情緒立場變化。亂局之中，似乎已經沒有中立和客觀可言。人們被情緒和立場主導，大多數人只相信他們願意相信的所謂事實，選擇性傳播他們相信的所謂事實的消息，然後把自己的信念進化為不能被質疑的「信仰」。

平行時空裏，輿論當立。陰謀論滲入主流，無論多麼荒誕的傳言，似乎都有人相信。在信息不對稱的資訊汪洋裏，很多人看不到真相的全貌，卻被所謂的「事實」操縱。

全民記者時代下，「真相」真的已死？

立場先行　新聞真偽難辨

過去我們都相信，有圖有真相，事實勝於雄辯。但現在這個時代，有圖未必有真相，「事實」也不一定是真相。

反修例風波發生後，假消息層出不窮，連具有公信力的傳統媒體機構也多次信以為真，被所謂的「真相」蒙蔽。看到「黑衣人手持紙幣」的照片，有人會說這是「暴徒收錢參與示威的鐵證」；看到「不同政見的人被『私了』」，有人就會說「先撩者賤，活該」。

香港顏色密碼

7月14日沙田新城市廣場發生混亂，多間媒體引述警方消息指，「有警員被示威者用鉗剪斷手指」。網上隨即廣傳一段懷疑警察被「剪鉗」剪手指的視頻，甚至還有一張血淋淋的斷指照片，被指「有圖有真相」。消息之後經查證，一名警員被咬斷手指，但並沒有人被「剪斷手指」。影片中所謂的「剪鉗」其實是「警棍」，而那張血淋淋的斷指照片，更是2015年一則台灣新聞的配圖。張冠李戴，卻令很多人信以為真。

8月31日，港鐵太子站發生衝突後，網上一度流傳有多人被警察毆打至死。雖然警方和醫管局多次澄清事件「全屬訛傳」、「絕對虛構」，甚至幾名所謂的失蹤「死者」都已經被尋回，但仍有不少市民會在太子站外上香拜祭，並把「831打死人」的口號掛在口邊。

面對海量的信息，fact-check（核實）一詞成為口頭禪，但很多人卻知其詞而不懂其義。即使有些人在轉發消息時加上「已 fact-check」，也不代表他有充分證據核證。不同立場的人，各自選擇性接收與自己政見相近的消息，認知偏誤愈發嚴重。

在「後真相時代」，很多人似乎已不重視「新聞」的真偽，只在乎它是否能成為支持自己立場的證據。甚至當陰謀論氾濫時，受眾不再相信那些所謂的「權威消息來源」。看新聞的人換上了新的濾鏡，傳統媒體主導傳播大權的時代也一去不復返。

「新聞反轉」與「逆火效應」

近年有一種常見的新聞現象，叫「新聞反轉」。簡單來說，就是社會熱議的事件被廣泛關注並形成輿論，但隨後被證實輿論與事實全貌不符，甚至與事件截然相反，然後產生一次或多次輿論轉向。

8月11日，尖沙嘴警署外一名女子右眼嚴重受傷。不少媒體引述現場消息指，女子懷疑被警方的布袋彈打中，眼罩被打穿，右眼球爆裂，視力或永久受損。女子受傷倒地的照片和視頻在網上瘋傳，相信女子被布袋彈所傷的人喊出「黑警還眼」的口號，不相信的人則紛紛提出質疑。

持相反觀點的媒體很快也在報道裏提出疑點：第一，女子受傷的位置不在警隊射擊的範圍內，除非布袋彈會轉彎，否則不可能射到傷者。第二，警方測試顯示，在 5 米距離開槍，布袋彈未能打穿眼罩，而事發當日，開槍警員與傷者相距約 16 米。第三，如果布袋彈真的打穿眼罩，衝擊力應非常大，為何傷者臉部沒有留下其他印記？還有報道指，受傷女子是被同伴的鋼珠誤傷，之後污衊警察。

未幾，又有媒體公開聲稱是傷者中彈的重要證物照片，照片中清楚可見，眼罩上有布袋彈卡住。警方隨後指，他們收到多張不同角度拍攝的照片和視頻，有些照片的眼罩裏有疑似布袋彈的物體，有些電視直播片又未有相關情況。

這名女子的受傷真相至今仍撲朔迷離，但「新聞」早已「反轉」再「反轉」。

傳統媒體的新聞製作過程，一般都是先核實再傳播；但進入新媒體全民記者時代，很多人為了追求時效性，會先傳播再核實。新聞閱讀趨向碎片化、速食化，觀眾讀者往往也只是透過標題獲取新聞的基本概念。未經核實的碎片化信息被廣泛傳播，主觀結論迅速得出，直到愈來愈多事件細節呈現，輿論劇情才逆轉。

更令人遺憾的是「逆火效應」，即先主觀臆斷，然後錯誤信息被更正，當被更正的信息與人們原本的看法相違背時，人們反而會更相信原本的錯誤信息。這種現象看似頑固偏執奇怪，但類似的事件幾乎無處不在，「831 打死人」就是其中一個例子。

媒體與受眾「同溫層」相依

新聞應該客觀，但媒體機構都有其立場，更何況製作新聞的是「人」，凡是人就會有自己的立場取向。舉個非常淺白的例子，你問 10 個受訪者愛不愛吃蘋果，結果 5 個人愛吃，5 個人不愛吃。如果這則報道只能選擇報道 5 個受訪者的聲音，記者 A 的報道可能選擇了「3 個愛吃兩個不愛吃」，記者 B 的報道說「兩個愛吃 3 個不愛吃」，記者 C 的報道是「4 個愛吃 1 個不愛吃」，記者 D 則報成「5 個愛吃蘋果的人」。同樣的內容，同樣的 10 個受訪者，4 個記者的報道截然不同。

一些新聞事件中，不同政治光譜的媒體呈現的幾乎是不同的「現場」。

7 月 1 日，示威者佔領立法會大樓並破壞。翌日，香港多份報章

以此事作為頭版報道。幾份報紙的標題分別是：「對峙8小時，警先棄守後清場」／「警催淚彈清場」／「政府棄守，立會被佔」／「暴徒攻立會，全城憤怒」。先不說內容如何，光看標題，呈現的就是不同的內容重點。

10月1日，荃灣一名中學生中槍。有媒體報道：「一名抗爭者疑持鐵通欲襲擊警員右手，警員隨即把手槍指向對方胸口，未作警告即開槍，抗爭者中槍倒地。」另一不同立場的媒體則描述：「一名暴徒無視警告，衝前以鐵棍猛擊警察持槍的右手手臂……儘管手臂受重擊，持槍警員仍堅持緊握佩槍，避免跌槍讓暴徒搶走，並隨即開一槍制止暴力。」同一件事件，不同立場的人從不同角度觀點解說，「同溫層」的媒體與受眾相依。

「同溫層」有時候只是建基於簡單的「二分法」，非黑即白，建制 vs. 泛民，黃絲 vs. 藍絲，支持政府 vs. 反對政府，支持警察 vs. 反對警察等等。

建基於「同溫層效應」，就算受眾知道某些媒體的報道偏頗，仍會立場堅定地支持某媒體。而你選擇了看什麼媒體，就代表你支持哪個立場。同樣，媒體知道自己的支持者持什麼立場，於是愈加強化自己立場，以吸引支持者的眼球，博取他們的喜愛。媒體與受眾間的相互影響，造就了愈來愈牢固的「同溫層」堡壘，間接把社會推向更加撕裂。

直播效應推波助瀾

我曾和學生舉例說，課室裏有 50 個學生，課室有兩個學生在打架，其他學生都在認真聽課。如果你是記者，你會把直播鏡頭指向誰？學生異口同聲說：「打架的學生。」然後，隔壁同學看到直播畫面，很容易就會產生誤解：「隔壁課室不安全，同學都在打架。」

在新聞現場，直播鏡頭往往會把吸引眼球的畫面放大，甚至對事態發展形成推波助瀾的作用。

上世紀 90 年代，美國有線新聞網絡（CNN）每天滾動式報道波斯灣戰爭，後來政府官員也通過 CNN 新聞了解戰爭情況，更根據蒐集的直播資訊作決策部署。後來有人把這個現象稱為「CNN 效應」。

2010 年的菲律賓人質事件中，一輛載有 25 名香港乘客的旅遊巴在馬尼拉被一名持槍者挾持，最後造成 8 人遇害。不少人認為媒體的全程直播成為「幫兇」，一方面令挾持者得知警方部署，阻礙救援，另一方面刺激了他的情緒，導致慘案發生。

同樣，在反修例風波中，傳統媒體和新媒體的不間斷直播，也對事件造成直接或間接的影響。如何在不影響公眾知情權的情況下，拿捏好媒體直播的危機控制，成為一門複雜且具挑戰的課題。

香港中文大學 2019 年 9 月曾就反修例風波在網上發起「情緒健康及政治參與」問卷調查，結果顯示，近四成受訪者曾出現與抑鬱症相關的症狀。有精神科醫生指，長期關注衝擊等直播畫面，容

易令觀眾產生「急性壓力反應」，就算暫停看直播，也會想起看過的畫面，更可能會做惡夢。

社會心理學中有一種理論叫「群體極化現象」：當一群帶有負面情緒的人聚在一起時，一些思想比較持平的人也會較容易走向極端思想。如果沒法及時制止這種現象，負面情緒和想法很容易植入人的潛意識，導致其思想及行為受他人影響，甚或作出自殘、自殺、傷害他人或極端的行為。

直播畫面的衝突場面令觀眾猶如置身現場，更容易強化「群體極化現象」。直播畫面可能是「事實」，卻未必是「事實」全部。鏡頭呈現多少「真相」，取決於多少記者在直播，記者拍攝時站在哪個角度位置等等。人們以為自己主導了接收什麼信息，卻不知往往是鏡頭主宰了觀眾看見什麼。

另一方面，一些市民會因為看了直播趕赴示威現場看熱鬧或參與活動，媒體的角色也因此從旁觀者、記錄者，間接成為風波的推動者、參與者。

媒體是社會的「第四權」，但又有多少「媒體」以「第四權」的道德金牌為名，把偏頗的立場合理化，甚至利用所謂的「第四權」煽風點火？「公民記者」隨時可以用手機拍攝直播並上載到互聯網，但傳統記者產出一篇報道，需要經過嚴謹的採訪、撰文、審核、編輯等等的程序。當報道新聞不再是傳統媒體的專利，誰才能被稱為「專業記者」？當記者在報道中加入了個人情緒，該如何保證新聞的專業客觀性？當記者從「報道者」變為置身事中的「參與者」，「第

四權」還能如實行使嗎？這些問題都值得深思。

　　尼采曾經說過：「世上沒有事實，只有詮釋。」新聞從來都應該是還原真相事實，但在全民記者時代下，「真相」還是否存在？假如有一天，「真相」已死，社會上每一個人，都有可能是「幫兇」。

第四章

暴亂後重建

香港經濟復蘇困難重重

雷鼎鳴　香港科技大學榮譽院士及經濟學系前系主任

　　之前在一個政府諮詢架構的會議中聽到好幾位來自不同專業界別的成員都不約而同提到香港出現了重大精神健康問題。有個數字在圈內耳語中似乎流傳頗廣，精神不太健康的港人，可能佔了總人口的 10%。雖然所謂有精神健康問題的程度深淺及性質可以有很大的差異，有些可能是輕度或深度的抑鬱症，有些人很狂躁，有些人精神分裂，有些人則無甚症狀等等，但對我這個外行人而言，10% 亦即 70 多萬人，這個數字若然屬實，也是十分震撼的。會議要開幾個小時，我也不由魂遊四方，念着這會為香港經濟帶來什麼影響。

　　精神健康對個人的經濟狀況肯定有重要影響，它對總體的經濟影響則視乎患此病人數的多寡。我的工作生涯中，有近 20 年的時間要處理大學本科生的各種事宜，精神病這問題倒是勾起了不少記憶。曾有位學生，在中學時，他在一些國際學術比賽中取得金獎，十分聰明。不過他上我的課時，我只感覺到他喜歡發表意見，但不少意見都十分混亂，與資優生的能力頗有差距。沒多久我便得到通知，原來他患上了某種精神疾病，在宿舍中有怪異行為，經醫生確診後，建議停學休息半年，再恢復學業。我了解情況後才知道他面對過家庭悲劇，十分值得同情。後來他畢業了，成績尚算可以，但與本來屬於天才級數的他，相差甚遠，我估算着他的情況，十成能力中，發揮出不到兩三成，將來一生的事業，很難順利。

　　這又提醒我，我自己曾有同窗，在班中大家公認他遠遠領先其他同學，而我的同學中，在事業上取得非凡成就的不在少數，但這位同窗，後來卻因患上一種很麻煩的精神病，雖有耀目的學業成績，

一生中的事業，毫無發展空間，思之使人神傷。

有位朋友因工作關係，每天都要接觸大量病人，不少人都向他大吐苦水。近月香港的暴亂出現後，一些家庭的父母與子女幾成陌路，父母對子女的暴烈很不開心。但這原來並非最惡劣的，有些父母已察覺到子女行為有異，精神狀態不正常，生怕子女想不開，唯有違心地支持子女的觀點，以免其受到更大的刺激，想入非非，做出傻事。可憐天下父母心！

精神病患病或有自己身體上的因素，但極端外間環境變化顯然可誘導出病症。香港暴動中的激烈恐怖環境，2019年的幾個月通過電視和互聯網不停地轟炸我們的觀感，不少朋友都大叫吃不消，心中也着實為一個璀璨的大都會和與自己有親切關係的家園，被暴徒破壞得滿目瘡痍而感到難過。我自問養氣功夫深湛，神經線有如鋼線造成，能迅速冷靜下來，但離譜荒謬之事出現得太頻密，有時也要連吸幾口真氣才能平復下來，不致走火入魔。年輕容易衝動者血氣方剛，我相信他們當中很多人容易精神不平衡，難以自控。我學生時期修過好些心理學的課，在香港近月的所見所聞，可以清楚見到香港不少人都已病了，而且病得不輕。

在一個染上重病的社會，我們很難期望經濟會有什麼好表現。2019年第一季的GDP，經季節性調整後，比之前一季增長了1.3%；到了開始受暴亂影響的第二季，GDP比上一季萎縮了0.5%；第三季首暴亂摧殘的影響更明顯，GDP再下降3.2%。2019年全年終究躲不過負增長，GDP下降了1.2%。今年初，在新冠疫情尚未出現前，我對2020年早已不看好，除非中美貿易有重大利好消息，否則

香港的經濟很可能還是處於停滯或逐漸衰退的格局。

　　就算沒有疫症，未來一兩年的經濟表現也不會理想，但這只是周期性的衰退，還是傷及了筋骨的長期重創？光從表面數字看，我們並不能得到答案。1998 年亞洲金融風暴期間，GDP 大幅下調了5.1%，比 2019 年更甚，但亞洲金融風暴來得快，去得也快，香港今次會否運氣也不錯，滿天陰霾一兩年便會一掃而空？這需要我們檢視一下幾個月暴亂中顯示出來的精神健康問題對香港各項經濟核心競爭力帶來的破壞有多大。

　　香港的經濟自由一直排名世界第一。這種自由建基於幾項重要政策：幾乎是零的關稅、低薪俸稅、低利得稅與非常自由的資金進出。零關稅使香港成為效率很高的商貿中心，使消費者及遊客能以較便宜的價格購買商品。低薪俸稅有助吸引和保留人才，低利得稅及自由流通資金使資金願意留在香港，也促成了香港國際金融中心的地位。上述都是香港經濟的命脈，也是香港核心競爭力的重要來源。

　　香港的暴亂與精神健康是互為影響的變數，暴亂激烈，會產生刺激，惡化一些人的精神健康；暴亂的成因很多，但若社會中有上述所提到的人口 10% 這麼多的不同程度的精神病患者，暴亂又會更容易失控。不管是精神病患，還是被激化的暴亂，對香港的經濟自由應不會有直接影響。不過，暴亂及精神病卻可以破壞自由經濟制度帶來的好處。

　　低薪俸稅固然幫助了香港吸納人才，但有能力的人全世界都是

渴求的。想像一下，假如你工作的地方，有一群思想暴烈的人，白天潛藏在辦公室不知算計着什麼，晚上卻跑到街上縱火扔磚，你還會愉快地工作嗎？香港本有不少國際及全國的人才匯集，但社會的精神病及一些別有用心的人士所造成的暴亂行為，必然抵銷掉不少低薪俸稅的吸引力，香港會為此而人才外流，而且恐怕此事今天已經開始了，這種影響還是長遠的。

暴亂及精神健康對關稅不會有大影響。但就算香港商品便宜，遊客見到黑衣人到處橫行，人身安全也沒有保障，到香港有如到戰場，低關稅又有什麼用？同理，低利得稅的制度也不會受暴亂或精神健康影響，但它們的作用也會減弱。

香港是個國際金融中心，這得力於資金可以自由流動，也受惠於世人信任香港的法制。資金的流動性不會被暴亂或精神健康影響到，但法治卻不一樣。港人過去的確對法治十分重視，治安很好，大家都守法，社會中的各種規範，例如大家不會互相侮辱，不會通街打鬥扔汽油彈，坐地鐵不會故意阻擋車門關閉，對協議承諾也重視等等，這些都是港人寶貴的資產，沒有了它們，香港的商譽必然蒙污。本來打算來港上市的公司，可能要重新考慮，能在港交所上市，本來是一種榮譽，一種公司身分的象徵，但若世人一見到「香港」二字，便立時聯想到滿街的暴徒，一批批神經兮兮的蒙面人滿街亂走，路上有非執法人員私設路障，檢查開車經過的人，有時又有汽油彈亂飛，那香港上市能帶來的榮譽，又能剩下多少？在暴亂過後，也許香港的銀行業務還有一定的活力，但香港這一金融中心的價值已經大大地貶了值。

大灣區是當今世界上最有活力的創新科技與經濟中心之一，香港未來經濟的發展快慢，與大灣區脫不了關係。但若要與大灣區融合，尤其是在創新科技或創業上的，脫離不了年輕人的參與。若是有相當比例的年輕人，整天都忙於搞鬥爭，又或是精神健康出了種種問題，那他們怎能集中精神想方設法對大灣區的發展做貢獻？現在看來，香港與大灣區的經濟融合障礙很大，對香港來說，大灣區可能只是一個實質內容不多的口號；而發展大灣區是內地國策，不會停下來，香港若參與不足，自己失去了發展的機會，早晚會被深圳等地取代，怨不得人！

每年從內地到香港的直接投資高達 900 多億美元，從香港回流到內地的直接投資資金也是 900 多億美元，內地這種「出口轉內銷」的政策，惠及了香港。這些資金之所以要來港再拐個彎回去，是因為回去的被當作香港公司的資金，有各種優惠，資金的流動對專業服務有需求，不少法律、會計、金融等專業人員也靠其養活。內地人民對香港的黑衣人早已十分不滿，在機場毆打禁錮《環球時報》記者的片段，據說播放量高達 42 億人次，若因人民的不滿而導致一些惠港政策被取消，香港經濟自會受損。

香港的大學每年都有大量的內地本科生及（教學課程）研究生來讀書，他們交的學費遠超香港學生，此等學費，已成香港各大學的重要經費來源，亦被用作補貼本地教學與科研。此等教育交流，雙方都是得益者，香港為內地栽培了人才，也賺取了經費。不過，幾個月暴亂中，有些香港學生歧視內地人，引起過一些衝突，將來內地最優秀的學生是否還願意來，頗成疑問。大學也有大規模的交換生計劃，我們派多少人到某大學，對方便派同樣人數的學生來這

裏。而出國交流一直都是本科生十分渴求的學術交流活動，對來自基層的學生尤其如此。倘若外國來的交換生感受到香港社會中的精神病態，又或怕暴亂帶來安全隱患，回國後對留學香港大潑冷水，那麼這些花了數十年建立起來的交換生計劃，危矣！

從上可見，精神健康問題及暴亂，對香港經濟打擊極大，這種打擊不是急來急去，而是長遠性的，我估計帶來的影響在未來一二十年內都不易消失。香港已經面目全非，我們可能要像日本一般，面對長達數十年的經濟停滯及衰退，未來能否保得住中國一線城市地位的資格，也不見得可靠。

疫情後記

經黑暴摧殘後的香港經濟，雖或未至於奄奄一息，但新冠疫情突然出現，不能不使人嘆聲「黃台之瓜，何堪再摘」！

誰都知道，疫情對香港經濟額外的破壞程度，要視乎它的殺傷力，亦即其死亡人數及要多長時間才受控。本文執筆時，香港有 4 人死亡，低於新加坡，以人口比例計，更勝於歐美一大截。但港人一樣是經歷過驚濤駭浪，停工、停業、國際交通停頓、封關、限制社交距離，香港經濟受到的打擊是沉重的。

若此打擊是短暫性的，就像 SARS 時一樣，疫情過後，經濟的反彈可以非常快，兩三個月的減產，可被其後更長時間的 V 形反彈所抵銷掉。此種局面本來是完全可能的，關鍵是看香港以外的疫情如何發展。

從 2020 年 1 月底至 2 月初，中國內地疫情仍未受控時，每天新確診患者幾千人，香港及歐美不少人都在冷嘲熱諷，「小小的病毒，應付得如此差勁」，香港必要斷絕與內地的來往。到 2 月中以後，內地疫情逐漸受控，港人也大可寄以希望，在港推行的各種不利經濟的措施，或許快可解除。這時歐美社會，尤其是美國，也自信十足，認為連中國都可解決這瘟疫，西方先進國家自然也可以，所以他們並不覺得要提防。怎料病毒一殺到歐美，他們才知厲害，一個個慌了手腳，屍積如山，以致死率計，數十倍甚至過百倍於中國。至此，美國卻浮現出另一種心理，此瘟疫連美國也應付不了，那麼中國的數字便一定是假的。問題是，美國根本沒有做到如中國般如此徹底地封城、隔離與追蹤感染者，中國成功，美國失敗，又有何為奇？

這本是中美之間的事，神仙打架，與香港經濟何干？沒有這麼簡單。美國的大爆發除了使香港因有輸入個案而使疫情死灰復燃外，我們還應認識到，美國近年來的國際領導地位不斷下降，在聯合國的投票中，美方的動議基本上失去大多數國家的支持，這已經使其十分惱火，現在抗疫傷亡慘重，以其先進的醫療技術及豐富的資源，表現竟然遠差於中國，怎一個愁字了得！這本身便對香港構成了始料不及的巨大威脅。美國是輸不起的民族，可以共富貴，卻難以共患難。中美關係極容易因美國大失面子而更不穩定，有無戰爭難說，但香港夾在中美之間，經濟很難不受到衝擊。美國若有餘力，也會繼續支持香港的黑暴，因這本小利大也！香港的儲備已耗掉一大筆，看來還會多耗下去。

港人心繫何方？

楊志剛　香港浸會大學協理副校長

　　港人由心繫祖國，轉變到抗拒國家的轉捩點，是在 2008 年。這一年發生了幾件大事：先是 5 月的汶川大地震，死傷嚴重，香港人和國內同胞心連心，大規模自發出錢出力救災；然後是 8 月北京奧運，奧運盛事讓港人對國家感到無比驕傲。奧運結束之後國家隊多名金牌得主隨即來港訪問，令港人的國家民族意識高漲。汶川加奧運，一苦一甜，兩者令 2008 成為香港自回歸以來國民意識最高的一年。同年 6 月，社交媒體 facebook 推出了兩個繁體中文版本，瞄準香港和台灣用戶，facebook 開始在香港大行其道，香港用戶數目在 2008 年底躍增至 145 萬人，並於短短兩年後的 2010 年年底劇增至 350 多萬人。翌年，本港中學開始推行通識教育。社交媒體和通識教育大面積涉及意識形態的形成，為港人逐漸疏離國家，提供了外部條件。

　　2009 年發表的一項全球最大規模的跨國學生調查《國際公民教育研究（ICCS）》，發現逾八成的香港中二學生熱愛國家，79% 表示以「身為中國人」為榮。當年全港八成熱愛國家的少年，今天已經大學畢業了。他們心中還餘多少對國家的熱愛，對民族的感情？

　　「愛國」放諸全世界任何國家地區，都是高貴的情操。但今天在香港年輕人出沒的街頭高呼愛國，可能被打。為何短短 10 餘年之間香港青年的愛國情懷會如此惡化？港人的生活質素和居住條件在過去 10 餘年間並無巨大改變，要埋怨的，也只是並無顯著改善。國家則在過去 10 餘年持續在文明進步方面取得有目共睹的重大成績，港人理應更加認同國家；但恰恰相反，這 10 餘年之間香港青年愈來

愈抗拒國家。原因為何？

答案有兩方面：教育和文宣，這兩者都涉及意識形態的民心工程。這裏集中討論文宣。

修例風波突顯了「意識形態」這個虛無縹緲的名詞的威力。它可以令我們青年人火燒政見不同的陌生人，可以讓大好青年在眾目睽睽、明知逃不掉的情況下用刀襲擊警員，可以使 10 餘歲的孩子不怕犧牲上街抗爭。意識形態對人的影響超越理智，成為主導個人政治思想和社會行為最大的因素。意識形態一旦形成，個人對政治議題的評估便不會由理智去明辨，而是由意識形態去決定。香港的家庭鮮會和十來歲的孩子談政治，孩子的極端意識形態除了教育之外，便是來自新聞媒體，和透過社交媒體傳達的信息。

香港於 2008 年開始社交媒體用戶量急劇增加之後，10 餘年來不同類型的新媒體通訊平台和網絡組織不斷增加。這大大降低了參與抗爭的門檻，亦使對個別抗爭者的賦權更為高效，讓抗爭者嘗到了想像不到的力量。「連登網」內不同群組的年輕人輕而易舉地組成身負不同任務的抗爭隊伍，互相激發參與抗爭，他們有着共同語言、共同信念、共同的仇恨，令互不相識的抗爭者在採取行動時，變得高度機動和團結。

透過線上的團結和號召，演變成為街頭的集體行動，而集體行動帶來的自我崇高感、與警員衝突的亢奮、在烽煙遍地中的互相扶持、受傷的痛苦、為革命而作出的犧牲，令「時代革命」的抽象意念變成刻骨銘心的承擔，每一名抗爭者的自身仇恨，都感染並加深

了群體的集體仇恨，不斷把革命推向高峰。

如此亂局，在中央反覆強調「止暴制亂」是香港第一要務的大前提下，在習近平對林鄭清楚表示要「止暴懲亂」的情況下，動亂卻依然持續未止，箇中原因正是因為教育和文宣的失誤，令香港大面積民心背向。要重拾民心，需針對這兩個範疇痛下苦功。

針對新媒體於抗爭中所發揮的重要作用，政府適宜制訂網絡安全法，以壓制在網上鼓吹違法活動及散播虛假新聞。多個月來的抗爭中，時有利用新媒體蓄意散播偽新聞及鼓吹仇恨和暴力，此非香港獨有，世界不同地方都面對同樣的衝擊。但面對鋪天蓋地散播仇恨和偽新聞，香港的無為之治卻是國際少有。香港理應向西方自由民主國家學習。

德國的法例規定資訊平台必須負責刪除「非法信息內容」。而「非法內容」包括仇恨言論和煽動暴力的言論。任何社交媒體如於收到投訴之後 24 小時之內未能刪除非法內容，可被罰款 5,000 萬歐羅（約港幣 4 億多元）。這類法例，正是香港所欠缺的。

其他西方民主國家中包括法國和美國亦已經通過法例打擊散播偽新聞。意大利、英國、加拿大和澳洲亦已啟動有關立法工作。法國的條例 2019 年 11 月通過，開宗明義說明其目的是保護民主以免其受到蓄意散播的偽新聞衝擊。香港經常引以為學習對象的新加坡，亦於 2019 年 5 月通過反偽新聞法例，違法者可被判監 10 年及罰款美金 74 萬元（約港幣 574 萬元）。

美國於 2017 年通過《國家防衛授權法》（National Defense Authorisation Act）。與其他國家不同之處，是美國重點不在於界定何謂「鼓吹暴力」或「偽新聞」，而是針對「影響美國安全而來自境外的國家或非國家宣傳和資訊行動」。類此在香港網絡上鼓吹的暴力抗爭，如果發生在美國，必定會馬上引來執法部門的強制措施。

壓制網上鼓吹暴力和偽新聞是屬於被動的防禦性措施。在止暴制亂取得成效之後，要達至長治久安，政府仍需切切實實做好聽取民意、疏導民怨的工作。一方面充分利用政府通訊科技資源，以及調動政府新聞處和香港電台一切資源，力求做好政策解説，並努力構建港人對國家的認同；這是《香港電台約章》明文規定的。政府亦需更有效利用民政事務署的地區網絡，盡量與民眾直接交流，從而重建港人的信任。

大亂到大治：香港發展模式的再思考

陳建強　香港專業人士協會會長

　　肆虐多時的「反修例黑暴」，令社會變得喧囂，仇恨加深仇恨，陷入失智失序的惡性循環，特區管治的道德和制度防線更相繼崩堤。大亂求大治，政府必須汲取教訓，解放思想，反思發展模式，帶動政策創新，重拾「一國兩制」的初心和活力，避免社運或動亂再度逆襲，讓社會涅槃重生。

　　「反修例風波」從 2019 年 6 月初爆發開始，策劃者便以層層遞進的手法，加大衝擊力度，對香港的政治法治、經濟民生、營商環境和國際地位，造成無法修復的窎損，特區管治和多個民生範疇更曾瀕陷停擺。止暴制亂是關鍵第一步，接著的解決深層次矛盾、紓解民困，到振興經濟和提升管治水平等工作，都急待有序推行。

　　從最初的和平示威，到後來的暴力破壞，亦有民眾從旁觀者變身為衝擊者，抗爭運動迅速激進和暴力化，反映有一批以年輕人為主的人對公權力失去信心和耐性，執意以激進「街頭革命」，取代理性社會改革，再以無底線的抗爭質變，將香港推向管治「暴風圈」。

　　治末必須溯本，出現今天窘境的禍源在哪？議會失效、制度疏失、理念過時，還是官僚昏瞶？

　　第一，黨同伐異的議政氛圍，令議會淪為二元對立、只問立場、不問理據、不理大局的「政爭泥淖」。進入「後修例時代」，政治懸峙變本加厲，不但令立法會內務委員會被「拉布」拖垮，更令政

府施政舉步維艱，這是市民盼求的積極有為議會？

第二，法治、制度和管理，向被視為香港的成功基石，港府和不少市民仍緬溺於「制度優勢」，不理會昔日的光環如今經已褪色，結果是忽略了社會深層次結構矛盾、外圍形勢劇變和傳統港式資本主義正面臨轉型瓶頸，平白錯失了許多改革創新、回歸經濟之都的轉型機會，飽嘗「蘇州過後無艇搭」的無奈。

第三，當局錯誤理解「五十年不變」，自限於「守成者」角色，堅執「積極不干預」、「大市場小政府」等不合時宜的管治理念，欠缺查找不足的擔當，最終引發「佔中」、「旺暴」和「黑暴」等「灰犀牛」事件連環爆。

第四，沿襲港英時期的管治架構和文官制度，其後再採取主要官員問責制，但都離不開只懂執行、不諳政治的模式，未能形成強而有力的政治領導，改革無心、守成無力，無法帶領特區管治走上光明出路。

早於 2017 年，國家主席習近平在港主持新治港班子就職禮上明言，「香港是一個多元社會，對一些具體問題存在不同意見甚至重大分歧並不奇怪，但如果陷入『泛政治化』的漩渦，人為製造對立、對抗，那就不僅於事無補，而且會嚴重阻礙經濟社會發展」。

回歸以來，香港的深層次結構矛盾日益嚴峻，拖累經濟發展，連帶令議會內外充斥着政治化、民粹化和本土「港獨」的偏歪言行，網絡欺凌和暴力抗爭已成新常態。隨着抗爭升溫，社會更被斷裂為

「黃」、「藍」兩個立場不同、曾互相「私了」的陣營。香港社會不能繼續蹉跎「混沌」，當局必須嚴格執法、果敢改革，防堵民生繼續受累、民怨繼續積聚。

畢竟，香港的財政儲備豐厚，高端專業人才充裕，加上在法治、金融、專業服務等領域的強大競爭力，具備足夠的實力和能力，整頓改革並非能與不能，而是做與不做的問題。

2019 年的香港，弱不禁風，只是一條《逃犯條例》的修訂，一次區議會選舉，就被殺個人仰馬翻；2020 年又是另一個「政治年」，社會將繼續沉淪還是轉型提升？能否貫徹落實《基本法》和「一國兩制」的原則？應制訂治港新戰略還是繼續奉港英的一套為圭臬？更重要的是，香港的未來應將何去何從？

第一，回歸並非僅換國旗，其他一切如舊，背後蘊含莊嚴的歷史意義，而香港的憲政秩序亦須重寫，只是不少人對此採視而不見的態度，加上部分「有識之士」，慣常以一己觀點，自行詮釋演繹《基本法》和「一國兩制」的原則和條文，引不必要的誤解、分歧和爭議，並造成難以癒合的傷口。因此，中央和特區政府應明確闡釋「一國兩制」在新時代的新內容和新任務，讓香港各界能知所進退，並且恰如其份地繼續發揮其特殊地位和制度優勢，與內地攜手共創輝煌。

第二，在「全球一盤棋」的大國博弈中，反對派甘當「香港牌」中的一隻棋子，串連國際勢力，違法進行「港獨」、「黑暴」等激進暴行，嚴重挑戰「一國兩制」原則和特區的管治底線，侵犯國家主權和危害國家安全。需強調，既是中國的特別行政區，其高度自

治權亦源於國家的授予，香港便需盡職踐履憲政責任，對相關違法行為「零容忍」，一律嚴格依法取締。

第三，當年制定《基本法》時，以為一切不變就可長治久安，但善意被濫用，成為不思進取者或偷鑽空子者的護身符。香港要再出發，首要放下舊思維、偏見和虛妄，重新掌握市民的所思所急和推動改革，化解社會矛盾和平息政治動盪。同時，特區政府要適時就房屋、醫療、教育、養老等社會民生議題提出全面而長遠的發展規劃，提升管治質素、促進官民互信，化解社會矛盾，並且伴隨「一國兩制」邁進新紀元，強化「一國兩制」對實現全國和平統一的示範功能。

第四，政府應通盤考慮，並且善用「行政主導」優勢，撼動深層次結構矛盾，重構利益格局、優化財富再分配，藉此照顧過往受到忽視的年輕人和弱勢社群的利益，共建利益共同體，化解社會矛盾、修補社會撕裂。

第五，公職服務是對社會的承擔，議員月領高薪，有責任依法盡職問政，不容以「做騷」當服務，或「逢政府必反必拖」，延宕施政效率，更不容將政治踐踏民生，挫削市民的福祉權益。特別是身為管治團隊的一員，他們不能公私不分，無止境地消費社會仇恨，延續社會撕裂，而需專注於民生和社區治理，改善民眾生活。

大亂之後會是大戰還是大治？關鍵點在於政府的管治和政策改革是否到位？決心和力度是否足夠？能否回應社會挑戰、民眾訴求？若要待問題顯現後才被動地小修小補、派錢派「糖」，不但會貽誤改革自強的時機，還會為政治激進主義埋下種子。

隨着矛盾已被引爆，政府不能再高談或思考如何改革，而應有所作為，擬訂「做得出」、「看得見」和有明確方針的改革行動，而即時要做的是揚棄「積極不干預」、「大市場小政府」等上世紀的管治思維，切實挑起改善社會經濟民生的重擔。

第一，要衝破困局，政府應協調社會各界不再進行毫無意義的政治空轉與內耗，至於坐擁行政主導優勢的政府，更應以改革者的身分對未來前景作出全盤規劃並落實到底，又要善用社會資本，關注社會公義和社會價值，共同解決社會問題，兼顧不同訴求，讓社會具備自助自理的能力，一起分享發展紅利。

第二，從當年崇尚協商共濟式精英治港，到今天「後物質主義年代」的民粹抬頭，片面追求制衡與人權。行政主導受制、議會無力當家、政黨遠未成熟，愛國者更未能成為治港主體，致令責任政治失落。不改革，亂像難望整治，但如何改革？則在考驗特區政府的決心和政治智慧。

第三，由 2012 年「反國教事件」開始，美歐等國對香港的反對派社運，公然採取愈趨高調的介入，並將其視作為遏制中國崛起和中華民族偉大復興戰略佈局的對沖性行動，禍根不摘除，香港難安寧。

第四，回歸前的港英時代，在設計管治體制時會偏重執行層面，揀選培訓效率高、執行力強的政務官，但卻不會着重培育其政治領導能力。在回歸後，除進修學校有變外，培訓人才的方針未改，因而始終未能培養出有擔當、有視野的政治領袖；至於讓愛國愛港、

香港顏色密碼

熟悉香港制度和情況的人士，更多地參與治理香港的安排，未見有明顯的舉措，仍有待補強。

第五，經歷連串社運衝擊，特區的內部政治生態丕變，政府的管治能力和管治威信顯著下滑，反對力量則呈「井噴式」壯大，令暴力鬥爭愈趨激化和常態化，緊接而來的，是陸港關係的微妙轉變，當中的示警猶如當頭一棒，不容輕忽漠視。

陸港關係涉及怎樣平衡特區與中央的都會主體性，亦即是「一國」與「兩制」的關係，以及如何發揮「中國香港」的對外作用，均旨在推動陸港「融合」而非「分割」、國家「統一」而非「分離」，以體現「一國兩制」的初衷。當然，在這個融合的過程中，面對的最大挑戰是如何體現香港相對於內地城市的特殊性和優異性，發揮「一國兩制」的長期策略意義？

除了意識形態，在經濟民生方面，也應隨着社會經濟和創科技術的急速發展和換代更新，特區政府過往固有的管治思維和模式，逐漸浮現其遲緩、落伍和不足，甚至失效，必須重新調整改進，構建發展新動力。

第一，在回歸後，特區仍繼續奉殖民時期的制度和理念為「老祖宗」，「大市場、小政府」模式保留不變，並以維持「全球最自由經濟體」的地位為榮，但卻使香港成為已發展經濟體中貧富懸殊最嚴重的地方，帶來了社會動盪的危險因素。其實，市場的「無形之手」只能解決部分問題，相反卻容易積蓄和激化矛盾。政府應放下對「積極不干預」的執迷，適時積極作為、多辦實事，保障和提

升市民的生活福祉，主動扛起推動產業改革的重任，為新興產業提供發展空間和機會，為整體經濟發展提供新動能。

第二，香港的支柱型經濟，產業結構高度單一，金融與地產個別獨大，但眾多其他產業，包括創科等新興產業，發展的資源和空間則被嚴重擠壓，令許多年輕人鬱鬱不得志，變相令社會失去活力和更新能力，亦促使年輕人因對前景失望而萌生怨氣。因此，政府應主動制訂產業發展、經濟多元化、再工業化、創新科技和陸港經濟共融策略，為不同階層人士提供向上流的希望和方向。

在「後真相年代」，「洗腦」形式的殖民教育，以及近年冒起橫行的新聞「第四權」、社交媒體和假消息，令部分市民，特別是年輕人，一面倒地尊崇西方價值觀，輿情嚴重傾斜，港人易受煽惑，亦助推港版「顏色革命」。因此，政府必須加強學校教育功能，加強對校方、教師和課程的監管督導，依法嚴懲違法師生，避免校園再淪戰區、學生再當「炮灰」。中央亦應加強向港人解釋《基本法》及「一國兩制」，消除當中的誤點和盲點，提高大家對國家民族的認知和身分認同。

面對政治對峙持續、排「內」（地）情緒惡化、三種危機（疫情、政治、經濟）匯聚的政治危情，各方都要走出各自的同溫層，換位思考，不要把香港押上不歸路！

香港急需一劑新「藥」

馬恩國　香港法學交流基金會執委會主席

　　2019 年盛夏，人們如常地為個人的生活、前途、理想努力打拚着，誰也料想不到，在平靜和諧、一片欣欣向榮的社會環境下，修訂《逃犯條例》竟然秒速引發連場核爆式的政治風暴，破壞的範疇、涉及的廣度與深度，實在令人難以置信。面對一浪接一浪的暴力示威，大家應該仔細想想，回歸至今，香港真的「一帆風順」嗎？

　　其實，自從香港特別行政區區旗升起的那一刻，已受到西方勢力與香港反對派的多面夾攻。香港的政治氣候，一直都處於相當敏感及躁動的狀態，只要某個觸碰點成熟，便會立即引爆大小不一的政治風暴。香港的反對派勢力，無論是為了自身的生存空間，又或配合西方勢力圍堵中國，從沒有停止一切對抗機會，作出各種形式的挑釁，幸好香港福大命大，往往都能夠安然渡過。而今這場曠日持久的社會撕裂戰，較過往嚴重，更將積壓多時的深層次結構問題與矛盾，全面地、徹底地翻了出來。

　　今次「黑衣風暴」，正好向中央說明一點，香港並非一個普通的商業城市。基於過往的歷史因素，以及處於一個地緣政治的重要位置，令香港擁有「世界政治角力戰場」的土壤。面對現今的世界政治新格局，中央政府應該改變治港思維，這種改變，並非流於小修小補的層面，而是徹底地改變治港思維，過往強調「河水不犯井水」，放任給港人自行管治的策略，已經不適合當前的政治形勢了。

　　由於香港具備政治的戰略性位置，西方勢力一直虎視眈眈，此起彼落的暗箭，加上過時的制度，令香港病入膏肓。面對這種特殊

新形勢，若只推動一些「換湯不換藥」式改革，管治問題無法徹底解決，始終只會一次又一次地重蹈覆轍，試問港人們，還可以承擔多少次內耗？

要解決問題，必須尋找出問題的根源，目前特區政府面臨的問題，大致可分為：

政治觸覺 vs. 管治能力

特區政府管治班子的死穴是，「不談政治，只談管治」。回歸之初，社會上有一種聲音，認為龐大的香港公務員團隊，久經訓練下，都是「識得管、懂得管」。中央找公務員擔任特首，也是希望「識得管、懂得管」，在堅守「一國兩制」的大原則下，管好香港。但卻忽略了一個重要的因素，該批「飲港英政府奶水長大」的前公務員，當時只負責管理或管治的工作，所有政治任務均由英國政府全權負責，公務員只要按本子辦事便可，屬於微觀管理（Micro management）。

殖民地時代的香港，沒有《基本法》保障，更沒有《人權法》。透過政治部監控所有人，想遣返誰就遣返誰，就算持有香港身分證的居民，港英政府也可以取消其身分，立即遣送離境。在這種管治環境下，政府推出的政策如何不公，市民也須接受，不敢有半點反對聲音。在這種政治背景下成長的公務員，當然可以「好打得」，但怎麼能培養出政治觸覺，處理驚濤駭浪的政治問題？更甚者，這批公務員常強調「政治中立」，自製一個保護罩，所有涉及政治問題，就啟動封鎖系統，自然地彈開，久而久之轉變成政治冷感；還

很自然地指，「你唔好同我講政治」、「我只是施政而已」、「老細同我講要這樣行便這樣行」，凡涉獵政治的範疇就極之抗拒。

由於管治班子缺乏政治觸覺，形成了一個「政治大缺口」，令特區政府無法有效施政，終日疲於奔命，以一種公務員的官僚手段，去拆除政治對手埋下的各種政治炸彈，常發生事與願違的情況，官員辛苦又得不到市民的支持及認同，甚至民怨四起。其次，公務員的基因，只盲目地追求「Whiter than whiter」（比紙更白）的成績，為求明哲保身，避免留下任何污點，做起事來便會「畏首畏尾」。但政治不是溫室裏的沙律菜，其基本生態要打出來，從錯誤中成長，經過痛、受過教訓，才能汲取經驗。

政治是一個鬥爭場所，若要求政治人「白過紙」的話，如何可以有足夠的歷練，拆解來自四方八面，層出不窮的政治炸彈？「政治不是飲茶食飯，而是從鬥爭中走出來」，作為政治人必須要知道，政治是一件相當殘酷的事情。今次的風暴就是一個好例子，以文官的思維應對暴徒的暴亂，就如俗語云「秀才遇着兵」之感，文官如沒有任何鬥爭思維，當對手打自己時，只會「企定定任人打，毫無還手的餘力」，單靠一張口，而沒有實戰策略，永遠都不能打勝仗。

回望 2014 年的違法「佔中」運動，對手已明確釋放出反對中央的信息，後來 79 日的違法佔領運動表面上結束了，但政治危機亦已埋伏在社會各階層。當時作為「政改三人組」領頭人的林鄭月娥負責處理該場政治戰爭，但從今次處理修訂《逃犯條例》的部署與策略來看，特首及其團隊並沒有從當年的事件中學習到寶貴經驗。同時，也對外國勢力策動連串的顏色革命，企圖為國際形勢「大洗

牌」無動於衷，更沒有清晰看到香港所擁有的戰略位置，多種因素混合起來，變相中門大開。

就以法律層面來說，有效的解決方法是大膽起用愛國愛港的法律人才。仔細想想，回歸至今，凡涉及政治事件的案件，次次「火燒後欄」，有關判刑結果遭到公眾的質疑，令執政者處於弱勢。起用愛國愛港法律人才，應該配合回歸的步伐，培養自己的班底。況且，他們也是法律專業人士，不是反對派偏見中的「洪水猛獸」。正因為他們真正愛國家、愛香港，所做的一切都會緊守法治精神，不偏不倚，亦不會容許法律應用偏頗，應檢控的人士不被檢控，應被判人士不被判刑。就以外國社會為例，他們也會聘用一些「Conservative Judges」，原因是「Conservative Judges」作風比較保守，由他們擔任法官和檢控官，可以平衡社會的整體利益，不像崇尚「Liberal」的法官，只崇尚個人權力，很少顧及社會安定。

道高一尺 vs. 魔高一丈

今次事件，有不少人士在問「『一國兩制』是否走了樣？」其實，「一國兩制」給了香港很大的自由空間，在這場風暴中，受到某些政治人物的煽動，證明自由已經過火的趨勢，實在令人感到憂慮。但任何的自由，絕對不能凌駕法治，特區政府必須堅守法治精神。

今次市民飽受黑衣暴力之苦，常聽聞一句「為何建制派常輸給他們，很多事情都束手無策」，原因很簡單，就是管治者必須依法執政，任何事絕對不能越雷池半步。一旦有任何差池，反對派必群起反撲，死咬不放，順勢增加自身的政治本錢，往往令管治者及建

制派處於捱打位置。反之，反對派視法律如無物，打出一句「違法達義‧公民抗命」的口號，便可以任意破壞，縱容暴徒打砸縱火、破壞公物、濫用私刑等，已經嚴重違反法律規則，但反對派卻美其名曰「爭取公義」。

大家亦會問一句，為何反對派如此大膽？其實原因很多，不能不提到法律界目前的問題。其中一個經典的例子，警方蒐證調查 10 月 1 日荃灣有示威者中實彈案件時，致電給裁判官申請搜查令，但找了 9 位裁判官均不獲理睬，甚至公然截線。裁判官本着尊崇法治精神，須依法履行其義務，當警察提出申請時，是否應該給予一個聆訊機會，為何把作為申訴一方的警察拒諸門外？難道這是公平、公正、程序公義嗎？這暴露出現時法律界「黃潮氾濫」的歪風，且情況嚴重。

正所謂「官字兩個口」，法官如何想、如何寫，外界難以質疑及推翻。案件有正及反，法官必須小心拿捏，若偏袒一方，便會失卻公平、公正及公義。解決方法並非要讓道成魔，而是要將正道制定出的法律框架，嵌套在妖魅的身上，以法律規管對方，讓大家在公平、平等的平台上較量。治港，用什麼方法來治？就是依法而為、堅守法治精神，現時出了亂子，就是不能有效地以法管治這班魑魅魍魎。

現行的法律條文，不足以控制局面？

答案當然是「否」，目前已有足夠的法例，例如可根據香港法例第 245 章的《公安條例》第 18 條及第 19 條，控告有關人士觸犯

暴動及非法集結；可以根據第 212 章《侵害人身罪條例》第 39 條，控告有關人士觸犯襲擊致造成身體嚴重傷害；或引用第 212 章《侵害人身罪條例》第 36 條或第 232 章《警隊條例》第 63 條檢控涉案人士襲擊警務人員；又或根據第 245 章《公安條例》第 25 條，任何人在公眾地方參與非法打鬥即屬犯罪；亦可引用第 200 章《刑事罪行條例》第 60 條，即摧毀或損壞財產罪行。與此同時，特首亦已引用《緊急情況規例條例》執行《禁蒙面法》。

特區政府引用《緊急法》，對穩定局勢會發揮一定的作用。在具體執法方面，除警隊負起止暴制亂的硬任務之外，港府應該擴大執法的權力範圍，例如禁止某些媒體繼續鼓動市民參與遊行等，有關權利需要更為精細地運用。因為，若媒體以背後煽動、統籌、抹黑的方式抗爭，政府將會面臨嚴重的政治後果。

硬實力輸給軟勢力

今次事件可以清晰看到，對手善用軟實力，成功發揮作用，只透過一些報章及網絡平台，以文宣攻勢煽動年輕人反社會、反政府，甚至將立法會打散。「港獨派」更走法律縫隙，以軟性的方式不斷吹噓「獨立」的好處，跑到西方國家大打國際牌。若要扭轉劣勢，必須爭回軟實力權，以目前的世代，文宣不應只局限於古老的報紙文章。

除此之外，還須爭取話語權，取得話語權的一個重要功能是，說好中國故事。國家在過去三四十年有了驚人的發展，甚至可以超英趕美，全賴國家具有一個穩定的政治制度。而外國經濟的失敗，

也是因為其政治失敗，兩黨相爭連國會也需關閉，政府部門癱瘓，政局不穩定，便引致經濟衰落。現時已經有學者開始研究，中國的發展是否有賴這種管治模式。

　　爭取到話語權，還要有具備政治口才的將才，他們需熟悉內地及香港特區的制度、各自的優勢及短板，正所謂知己知彼，才能百戰不殆，辦好事情。其次語言能力同樣重要，需中、英文良好。必須明白一點，推動軟實力屬細水長流的工作，慢慢地讓大家都認同，慢慢去改變一代人，絕對不能急功近利，更不可以太死板、太老化，幻想一步到位，否則只會產生反效果。除此之外，周邊人士亦要協同，一波一浪接下去，以排山倒海方式，才能達到效果。若只堅持擁有硬實力，不把資源分散到培養軟實力上，那永遠只會被對手「壓着打」，港人永遠都會是顏色革命的受害者。

香港急需一劑新「藥」

對香港社會與青年的思索

唐　研　香港中學老師

不想回憶，卻無法忘記 2019 年香港經歷的痛苦。這一年，自 6 月以來，整個香港陷入政治狂飆，由此衍生莫名的政治仇恨衝突事件。因為修訂《逃犯條例》風波，掀起的社會大動亂，完全超乎香港人的想像，語言的、肢體的、毀物傷人的、縱火的，大小暴力覆蓋港九新界各地，讓學界更憂心的是，大量青年及學生高度介入。

不同政見的衝突，社會的撕裂，愈演愈烈，自 2019 年 11 月 24 日地方區議會選舉，泛反對派採取「和」、「勇」同行的策略奏效，選舉大獲全勝後，亂象稍為歇止，但堵路、破壞公物等行為仍時有發生，港人坐立不安，各行各業，上一步訂下的計劃，下一步能否實行，都是未知之數。但可以肯定的是，香港經濟方面出現蕭條，特別是旅遊服務業、餐飲業苦不堪言。

曾在一個題為「『和理傾』給不同光譜意見發表」研討會上，有年輕朋友指出，現在要溝通、要信任的是難有主角（Subject）的，筆者在台上回應分享的是，香港是大家的，大家都是主角，彼此都有責任用最大的誠意溝通，建立互信，重建香港。特區政府應發揮更大的能量，主動與全民展開全面落地的溝通，爭取信任。

以青年人為本，以「一國兩制」大局為重，制訂長遠的香港青年政策刻不容緩。事實上，2012 年國民教育科事件，2014 年違法「佔中」事件，2016 年旺角暴力飛磚之夜，乃至 2019 年 6 月的社會大動亂，青少年都有廣泛介入，教訓是十分深刻的了。翻閱香港特區政制，彈丸的香港，制訂青少年政策卻政出多門，教育局、民

政事務局、政制及內地事務局乃至保安局都有份，統一意見甚難，政策落地的力量分散，實效不彰是意料中事，如何將政策統一，資源集中，作更有效的使用？設立「青年事務發展局」，從而規劃短、中及長期的香港青年發展計劃，實有迫切的需要。

對不少直接參與反對修訂《逃犯修例》抗爭的大、中及至小學生而言，「2019年的這個暑假真的不一樣」，但不一樣之後，在未來的人生道路上，究竟是充實了？是悵惘了？是無助了？甚或後悔了？還需主體認知，才能感受，旁人難以塗上任何色彩。對廣大的校長及老師們，2019年的暑期開學之後也同樣有「真的不一樣」之感：每天擔憂學生有沒有參與示威乃至違法活動？有沒有屬校的學生被捕？校園危機小組準備隨時啟動，學生無心上課，課堂上教師專業知識難以發揮，但其餘的法律知識，解難處理；家長熱線，隨時溝通；即時新聞掌握，制訂即時校政；政治踩鋼絲的解說，安撫學生整體情緒等等，這些統統都要派上用場，權充百搭專業也是形勢所迫。

全港學校大部分教育同工在用心用力幫助學生的同時，又要堅守學生不能走上參與暴力及違法之路，並不容易，且必須兩者兼顧，心理壓力之大不足為外人道。另一方面，卻又有小部分教師及教學助理，以政治立場先行，以身試法，跳進違法與暴力的漩渦而不能自拔。對學生而言，是錯誤的引導，亦讓香港學界整體守法與愛好和平之風，蒙上不白之冤！

歷史正在記錄，自2019年6月9日大示威遊行開始，鬱悶伴隨，躁動燃燒。對香港未來的發展而言，這是順流的光明重現？抑或是

逆流黑暗艱難的繼續？全面真實的材料才能說出全面真實的話，這將會是史家撰寫香港歷史不可迴避的責任。但筆者誠心盼望，獅子山下，東江水流，「香港、國家、世界」是缺一不可的！缺一的話，維港兩岸，美麗不再。任何暴力與違法都不能被美化，政治愈狂飆，香港會愈破爛，東方之珠愈黯然失色。你我皆是主體，大家都要好好愛護及善導香港學生，尊重維持社會安全的香港警察，更要珍惜香港。全面重建香港的核心價值，如包容、良善、尊重、多元、和平、守法是當務之急！這是任何一個香港人都不能再諉過推卸的。

處理香港問題的工具與手段

馮煒光　前任香港政府新聞統籌專員

執筆之時，香港已經亂了一年（由 2019 年 6 月 9 日起計），中聯辦在 2020 年 1 月 4 日有人事任免，新主任駱惠寧在 1 月 15 日的新春酒會上提出「18 萬公務員履職擔當」的期許，他曾主政青海和山西，卓有成效。2 月 13 日又有夏寶龍以國家領導人身分兼管港澳辦。夏主任履新兩個月後的 4 月 13 日，港澳辦及中聯辦「兩辦」終於出手，各自發表聲明，點名指縱暴派議員公民黨郭榮鏗「拉布」令立法會內會運作癱瘓，並提到觸犯「公職人員行為不檢」罪；令大家對中央下決心處理香港問題，看到曙光。

在中央明確「兩辦」有監督香港事務權力後，立法會主席梁君彥也動起來，透過外聘大狀的意見，在 2020 年 5 月「破局」，立法會順利選出內務委員會主席；《國歌法》也在 6 月 4 日通過，並於 6 月 12 日生效。這從一個側面顯示，香港其實是有能力「破局」的，但如果沒有中央的督促，香港的傳統精英總是「臨事而懼」。

中央政府坐擁全球最多儲備，貴為第二大經濟體，擁有百萬雄師和武警，逾億中共黨員，有異常龐大資源去處理今次事件。但西諺有云：人必自救才有天救。在探討中央處理香港問題的工具及手段前，首先要問：香港自身用盡了其可用工具沒有？筆者認為：沒有！

香港的管治團隊宜主動請求中央釋法，請全國人大常委會對特首實施《緊急法》權力背書（其實 2019 年 11 月時全國人大法工委已經發表聲明），以免反對派大狀用法庭來作「絆馬索」，阻礙香港盡快恢復寧靜。接下來，筆者建議實施下列 15 項措施：

香港顏色密碼

1. 以《緊急法》權力推出《反辱警法》，任何人在公眾場合侮辱警察，一經定罪，最低刑罰（注意是：最低，不是最高）監禁兩年及罰款 10 萬港元。只有這樣重大的刑罰，才能立竿見影。

2. 立即通過「明日大嶼」計劃，並以《緊急法》提取政府撥款（全部相關撥款，不留尾巴），立即啟動研究及盡快填海。香港再也不能被大地產集團綁架，某大地產集團如何明目張膽地支持黑暴，中央和港人洞若觀火。

3. 立即提高《反蒙面法》的刑罰，把最低刑罰定為監禁兩年及罰款 10 萬元。只要透過釋法，香港那些想伸手去規限行政機關權力的法官們，都只能依法遵守。

4. 以《緊急法》權力，立即辭退勞工處顏武周等反政府的公務員，昭示約 18 萬公務員，需履行公務員守則，否則將被解職。同時凍結王永平等既收政府長俸，又大力反政府的前公務員。「吃政府的糧，砸政府的鍋」，天下沒有這樣便宜的事。公務員必須履職有擔當，而對「時任特首效忠」是公務員履職的核心。退休了也不應反政府，尤其不應煽動反對國家。

5. 以《緊急法》權力，在《香港國家安全法》於全國人大常委會於 6 月底通過後，立即成立香港警察內部的國安隊伍，及提取必須的款項，以免「攬炒派」藉立法會審批撥款之機，阻礙國安隊伍執法。與此同時，也要為《香港國家安全法》的推廣教育留足經費，使推廣工作可以立即推行，杜絕黃絲傳媒乘機抹黑國安執法，在市民中間散播不必要的恐慌。

6. 以《緊急法》權力，指令香港電台，必須效忠現任特首。近日，香港電台記者唐若韞藉抗疫之名，在訪問世界衛生組織助理總幹事時，言語中有宣揚「台獨」之嫌，有違「一個中國」原則。繼 1999 年容許台灣代表在香港電台宣揚「兩國論」後的 21 年來，這種情況一直沒有改善，且愈來愈過火。由此可見香港電台已爛入骨髓，必須即時處理。特首亦應向香港電台派駐信得過的工作組（至少 20 人，分掌各重要部門），重整香港電台，關停專門針對政府、不尊重國家的節目，多出的節目時間交給香港警隊作滅罪宣傳之用，並預留一些給特首辦及各政策局用來製作宣示政策，辟除謠言的節目。

7. 以《緊急法》權力，以反恐的名義，立馬封掉「禍港四人幫」在香港的銀行戶口，他們相關的公司戶口以至律師樓戶口，也應一併封掉。在資本主義制度下，最有效的「非暴力殺手鐧」是封掉戶口，這樣《蘋果日報》連工資也發不出來。大家只要看到「星火基金」的 7,000 萬港元一旦被凍結，黑暴便會立即發飆，隨後被迫收斂，這便是缺錢的威力。

8. 以《緊急法》權力，關閉如連登和 telegram 一眾涉嫌鼓動暴力的軟件、網站和群組。香港警隊近日便行動了，應予點讚。西班牙最高法院也將鼓吹加泰隆尼亞獨立的網站關掉，香港理應跟隨國際標準。

香港顏色密碼

9. 特首應行使身為各大高校校監權力，指令各大學校長立馬炒掉那些鼓動暴力，倡議「違法達義」的講師、教授，如戴耀廷、張達明、呂秉權、張楚勇、鍾劍華等「五人幫」。昭示政府不會再容

忍高教界煽動學生暴力衝擊。

10. 以《緊急法》權力，立馬辭退公開仇警的幾位中學老師，如戴健暉和賴得鐘等，整肅教育界內肆意仇警的風氣。對於在幼稚園、小學和中學內的仇警和仇中教師，一律整肅，吊銷其教師執照。香港是中國領土，也是法治之區，若對警察有投訴，可以入稟法院；若對國家發展有意見，可以辭任老師當個獨立評論員，但特區絕不應容許擅用教師的權力（尤其在學生眼中地位崇高）來宣揚個人政見。

11. 以《緊急法》權力，通過《逃犯修訂條例》，因為香港不應再容許有「假恐懼」。通過了條例，一般市民，秋毫無犯，這樣未來幾年，反對派便不能再藉「假恐懼」來鼓動不知就裏的市民。

12. 以《緊急法》權力設立特別法庭，由真正愛國的法官來加快審判逾 7,000 名參與今次「反修例運動」被捕人士，不能再任由法庭「歎慢板」及隨便保釋外出，讓他們繼續犯事。

13. 以《緊急法》權力，指令醫管局，若再有醫護在公立醫院範圍內貼連儂牆、搞集會（不論是什麼訴求），即炒！

14. 以《緊急法》權力，通過《基本法》第 23 條及成立相關執行機構和提取相關撥款，確保國家安全的法治體制建設和加強執法力量。

15. 律政司應介入許智峯的私人檢控，許這樣做其實是對香港警察執

法的威嚇。此例一開，日後警隊國安隊伍抓捕美國間諜及其香港代理人時，如果許智峯等人又跳出來以私人檢控國安執法人員，豈不是天下大亂？縱容美國間諜及其代理人脫身？

你會發現以上 15 項，都是香港特區政府可以處理的，那麼中央政府呢？其實很簡單，只需做「指示」。只要抓着特首和主要官員的任命權和指示權，特首必須有所擔當，這是香港特首年薪 521 萬港元中涵蓋的。按《基本法》第四十八條第八款，特首職權包括「執行中央人民政府就本法規定的有關事務發出的指令」。

2019 年 10 月中共十九屆四中全會的記者會上，全國人大常委會法工委主任、港澳基本法委員會主任沈春耀在答記者問時表示，四中《決定》圍繞按照「一國兩制」原則治理好香港、澳門提出了一系列工作任務和要求，包括「完善中央對特區行政長官和主要官員的任免制度和機制」。如何解讀中央官員這句話，讀者都比我聰明。指示發出了，若不能落實，難道眼巴巴看着香港的管治權變天？2020 年 9 月「立法會過半」及「35+」已是縱暴派共識，再這樣下去，「管治權便拱手讓給縱暴派」了。中央官員遠較筆者聰明也不會避事，一定會想出更好方法去落實指示。

「治亂世，用重典」，但一用重典，難免影响主要官員的官聲，斷了他們離開政府後受聘於大地產集團或其他法定組織「搵真銀」的機會。這些機構的工資，隨時較特首還要高，但在今天縱暴派媒體主導的情況下，你若官聲「不佳」，黃媒狂罵你，鍾庭耀又掌控所謂「民調」，你的官聲怎可能佳？哪個機構敢用你，這樣便斷了某些高級官員的財路。再者，由於美國已制定《香港人權與民主法》，

香港顏色密碼

估計美國會要求其他「五眼聯盟」（美、英、加、澳和新西蘭）跟隨，一向喜歡把子女安排到「五眼聯盟」國家留學或在當地置業的香港精英（包括主要官員和行政會議成員），他們當然不想當「醜人」。但「為官避事平生恥」，當官的時候，只想着日後可以「合法發財」，只想着自己家人和海外的物業，這是不道德的、不稱職的。

經過一年多的黑色暴力，香港已經「五癆七傷」，處理香港問題，特區政府是第一責任人，必須盡力盡快和切實處理，不能再綏靖，不能再退縮，更不能再避事了，否則便是中華民族的歷史罪人！

2018 年 3 月 13 日

曾於 2 月在台灣殺害女友的香港男子陳同佳，因回港後盜用死者的提款卡提款兩萬元，並取走其數碼相機和手機，被香港警方拘捕。陳在警誡下承認殺害女友並棄屍。由於案件非在香港發生，無法控告陳同佳謀殺罪，僅能控以 4 項處理犯罪得益罪（即「洗黑錢罪」）。

2019 年 2 月 12 日

香港特區政府召開記者會，提出修訂《逃犯條例》和《刑事事宜相互法律協助條例》，容許「一次性」移交逃犯至無長期協議的地區，包括內地、台灣、澳門。

2019 年 2 月 13 日

修例 20 日公眾諮詢期開始。

2019 年 2 月 19 日

特首林鄭月娥表示，修例是要堵塞司法漏洞，並已收到死者家屬 5 封信，認為如果社會讀過有關信件，一定會覺得要盡力協助。

2019 年 2 月 26 日

律政司長鄭若驊表示，修例是為了彰顯公義。

2019 年 3 月 10 日

民間人權陣線（下稱「民陣」）和反對派示威者到中聯辦請願。

2019 年 3 月 15 日

香港眾志及嶺南大學學生 10 餘人發起堵塞政府總部大堂行動，要求
政府撤回修例建議。有 5 名示威者闖入政府總部內靜坐，一名女職
員在事件中受傷送院，9 人被捕。

2019 年 3 月 16 日

外交部駐港公署發表聲明，促請外國尊重香港法治和立法規程。

2019 年 3 月 26 日

保安局長李家超宣布，剔除修訂中 9 條有關商業的罪行，並提高門
檻，只可處理可判刑 3 年以上、在香港可循公訴程序審訊的罪行。

港府向立法會呈交有關修訂的條例草案。

2019 年 3 月 31 日

民陣發起第一次反修例遊行。

2019 年 4 月 3 日

《逃犯條例》修訂草案在立法會完成首讀。

2019 年 4 月 12 日

立法會決定就修例成立法案委員會。

2019 年 4 月 16 日

反對派議員建議政府以「日落條款」方式修例。
林鄭月娥表示修例不能不設追溯期。

2019 年 4 月 17 日

立法會首次召開《逃犯條例》修例法案委員會會議，民主黨議員涂謹申主持會議選舉委員會主席。其間多名反對派議員提出規程問題，會議未選出主席。

2019 年 4 月 24 日

2014 年的非法佔中案判決，「佔中 9 人」中 8 人被判刑，陳淑莊因需要動腦部手術，押後 6 月 10 日判刑。

2019 年 4 月 26 日

李家超撰文回應反對派，表明反對設「日落條款」或以單次方式處理台灣案件。

2019 年 4 月 28 日

民陣發起第二次反修例遊行，創下 2014 年非法佔中運動以來遊行人數的新高。

2019 年 4 月 29 日

陳同佳 4 項洗黑錢罪成，被判處入獄 29 個月。

2019 年 4 月 30 日

立法會《逃犯條例》修例法案委員會舉行第二次會議，涂謹申繼續主持會議，此次會議仍未選出主席。建制派議員會後去信立法會內務委員會（下稱「內委會」）要求發出指引，改由建制派議員石禮謙主持。

2019 年 5 月 3 日
內委會召開特別會議，會議在混亂中結束。民陣在特別會議舉行期間，於立法會外舉行集會，數百人出席。

2019 年 5 月 6 日
石禮謙成為法案委員會主持，將當日會議改期。由涂謹申擅自主持的法案委員會會議於同日舉行，選出涂謹申為主席，郭榮鏗為副主席。

2019 年 5 月 7 日
鄭若驊聯同李家超召開記者會。鄭若驊表示，法律學者和議員提出的多個坊間替代方案「不確切可行」。李家超表示，逃犯條例修訂不能一拖再拖。

2019 年 5 月 9 日
林鄭月娥出席立法會答問大會，她表示港府今次提出修例，除了希望將疑犯陳同佳移交到台灣受審，亦是要處理目前法律的漏洞。

2019 年 5 月 10 日
民陣在立法會外集會，反對修例，多名泛民議員亦有出席。

2019 年 5 月 11 日
石禮謙再次主持召開《逃犯條例》修例法案委員會會議。反對派同步同場召開會議，由涂謹申主持。立法會首次「鬧雙胞」，會議期間雙方爆發衝突。

2019 年 5 月 12 日
立法會前主席曾鈺成建議解散法案委員會，直接上大會恢復二讀。

2019 年 5 月 14 日
香港中聯辦領導班子會議發聲明表示，修訂「既有法理依據又有現實迫切需要」，「是落實《基本法》的應有之義」。

2019 年 5 月 15 日
大律師公會主席戴啟思聯同 12 名前主席發表聲明，反對修例。

2019 年 5 月 17 日
時任中聯辦主任王志民召集港區人大代表及政協委員出席工作會議，就修例問題表示，中央「堅決支持」修例，期望條例「定要成功通過」，並指修訂不能設「日落條款」、必會設追溯期。

2019 年 5 月 24 日
立法會內委會通過撤銷法案委員會，直接在 6 月 12 日於大會恢復二讀辯論。

2019 年 5 月 28 日
繼英皇書院、天主教正義和平委員會後，多間教會、大學、中學等發起網上聯署，反對修例。

2019 年 5 月 30 日
39 名建制派議員聯署提議把可移交罪行的刑期提升至 7 年或以上，並且必須由中央機關或部門申請。傍晚，李家超宣布接納建議，提

香港顏色密碼

出 6 項修訂，部分罪案被剔除。

2019 年 6 月 6 日
法律界黑衣遊行，靜默抗議修例。

2019 年 6 月 9 日
民陣發起遊行，參與人數為 1997 年以來遊行人數新高。
港府晚間發聲明宣布會按原訂計劃二讀。

2019 年 6 月 10 日
凌晨時分，有示威者衝擊立法會，警方共拘捕 19 人，其中 7 名男子
涉參與非法集會；警方隨後再拘捕 10 男 2 女，涉嫌堵路。

2019 年 6 月 12 日
立法會原定恢復二讀，全港多間公司及學校罷市、罷工、罷課，示
威者包圍立法會。下午 3 時左右示威者進攻立法會，有人向警察投
擲磚塊及鐵枝，警方以催淚彈、胡椒噴霧、布袋彈和橡膠子彈驅散。
衝突造成約 80 人受傷，11 人被捕，年齡介乎 20 至 57 歲。
林鄭月娥接受無綫電視專訪，以媽媽無法縱容孩子的任性行為比喻
示威浪潮，並重申不會撤回修例。

2019 年 6 月 13 日
美國國會跨黨派議員提出《香港人權與民主法案》，法案將要求美
國政府重新審視香港自治程度，評估現行對香港的經貿待遇，並設
立懲罰機制。

2019 年 6 月 15 日

林鄭月娥宣布暫緩修訂《逃犯條例》，並重新諮詢。

晚 9 時，一名 35 歲黃衣男子在太古廣場平台墮地身亡，其身旁掛有一幅寫着「反送中」的橫額。

2019 年 6 月 16 日

民陣發起反修例遊行，主辦方稱，是香港史上最多人參加的一次。

遊行提出五大訴求，即：不檢控示威者、撤銷衝突的暴動定性、成立獨立調查委員會，追究警方過度執法的責任、撤回《逃犯條例修訂草案》，以及林鄭月娥下台。

政府發言人晚上回應指，社會出現很大的矛盾和紛爭，行政長官為此向市民致歉。政府已停止立法會對修訂《逃犯條例》的工作，並無重啟程序的時間表。

2019 年 6 月 17 日

職工盟呼籲全港罷市、罷工，8 間大專院校學生代表亦呼籲翌日罷課。

2019 年 6 月 21 日

鄭若驊發表網誌，首度就修例一事引起社會的矛盾和紛爭向市民「作出真誠的致歉」。

大專學界號召市民參與不合作行動，在政府總部外靜坐、設路障堵塞道路。第一次採用「Be water」式策略。

政府總部關閉，多個政府部門公共服務受不同程度影響。

示威者包圍警總，其間用鐵馬及雜物堵塞警總出入口大閘、擲雞蛋、在外牆塗鴉、用膠紙遮蓋外牆閉路電視，亦向警務人員淋油及使用

鐳射筆射向警務人員的眼睛。

2019 年 6 月 24 日
數百人到灣仔稅務大樓地下大堂聚集「接放工」，妨礙市民進入大樓。

2019 年 6 月 25 日
有網上團體發起眾籌，計劃籌資 300 萬港元，於 G20 峰會當日在 9 個國家報章刊登頭版廣告，呼籲國際關注香港情況。最終超過兩萬人捐款，籌得 548 萬港元。

2019 年 6 月 27 日
示威者包圍警總，多次高呼「黑警可恥」等口號。有部分人士到場後用鐵馬堵塞側門、投雞蛋、在外牆塗鴉、拆除警總金屬字、用噴漆遮蓋閉路電視、用閃光對着現場拍攝的警員。

2019 年 6 月 29 日
香港教育大學女生墮樓身亡，梯間留下反修例字句。

2019 年 6 月 30 日
立法會議員何君堯和香港政研會發起民間聲援集會，以支持警察在連場反修例運動期間執法。

2019 年 7 月 1 日
凌晨，示威者於金鐘及灣仔一帶集會，要求釋放被捕示威者，阻止香港特別行政區成立 22 周年升旗儀式，最終升旗儀式改為室內

舉行。

民陣發起遊行。下午 6:30，包圍立法會的示威者撞破立法會玻璃；晚 9 時衝進立法會大樓並破壞設施，牆上香港區徽被噴黑，並在主席台掛上「龍獅旗」及橫額。立法會保安室內電腦硬碟被偷走。當晚有泛反對派議員出現在立法會大廳。

林鄭月娥凌晨 4 點召開記者會，她表示「非常傷心、亦很震驚有人選擇用如此暴力，進入立法會大樓內肆意破壞」，認為應用和平理性方式表達意見。

2019 年 7 月 4 日
林鄭月娥於前日邀科大學生會舉行閉門會議，對方拒絕出席閉門會議，並提出 3 項對話條件，包括對五大訴求有所回應、會面需包含各界別代表，以及公開對話。

2019 年 7 月 7 日
九龍大遊行掀起地區遊行的序幕。

2019 年 7 月 9 日
林鄭月娥稱修例工作完全失敗，修例工作已停止，草案「壽終正寢」（the bill is dead）。

2019 年 7 月 13 日
在「光復上水」遊行後，示威者與警方發生衝突，立法會議員尹兆堅向傳媒宣稱警察逼示威者跳下天橋，後被救回。但當日有視頻證明，是警察將欲跳橋的示威者救回。

2019 年 7 月 14 日
沙田反修例遊行演變成激烈衝突，防暴警察在新城市廣場清場時，
示威者投擲大量雨傘、頭盔，多名警員、示威者受傷，有警員手指
折斷。

2019 年 7 月 15 日
林鄭月娥回應「曾向中央辭職被拒」的傳聞，她承認目前面對很大
困難，但強調會繼續領導管治班子完成任內的工作。外交部表明中
央堅定支持林鄭月娥依法施政，並譴責西方傳媒散布不實消息。

2019 年 7 月 20 日
建制派組織「守護香港大聯盟」召集人、全國政協委員黃英豪發起
集會，以支持香港警方在連場示威衝突中執法。

2019 年 7 月 21 日
民陣第 6 次發起反修例遊行，後偏離路線至香港中聯辦，有示威者
在外牆塗寫訴求及侮辱歧視性言論，以投擲雞蛋、墨水以及黑色油
漆彈等涂污國徽。
當晚，港鐵元朗站發生黑衣人與白衣人衝突事件。

2019 年 7 月 22 日
何君堯位於荃灣的議員辦事處遭大肆破壞，砸毀玻璃門、張貼標語、
擲蛋及噴黑招牌。

2019 年 7 月 23 日
何君堯父母墳墓遭人毀壞，噴上黑油及破壞基碑。

2019 年 7 月 26 日
航空界發起「和你飛」機場集會，向遊客展示新聞及影片。

2019 年 7 月 27 日
警方早前就「光復元朗」遊行發出反對通知書，是警方首次向近期遊行集會發出反對通知書，惟大批人仍走上街頭，非法集會演變成衝突。

2019 年 7 月 28 日
原定遊行警方發出反對通知書，僅准許於中環遮打花園舉行集會，但有示威者自行走出馬路。示威者設置障礙物，多次燃點路上雜物及大廈外牆棚架，使用燃點紙皮的推車衝擊警察，同時利用磚塊、弓箭、高處投擲不明液體等還擊，警方發射催淚彈、橡膠子彈、海綿彈、胡椒球彈清場。當晚 16 人受傷，49 人被捕。

2019 年 7 月 29 日
國務院港澳辦召開記者會談及香港局勢，表示中央堅決支持林鄭月娥及香港政府嚴正執法，堅決支持司法機構審判違法人士，稱示威者暴力行為嚴重觸碰「一國兩制」的底線。

2019 年 7 月 30 日
有市民發起「全港大塞車」的不合作運動，堵塞主要港鐵站。
有示威者圍堵葵涌警署，聲援 7 月 28 日的被捕人士。晚上 10 時，有幾十名示威者向正準備返回警署的幾名警員和一名警長投雜物，警長一度舉雷明登槍自衛。
當晚，數百人包圍天水圍警署。

香港顏色密碼

2019 年 8 月 1 日
金融、銀行、保險界於晚上在中環遮打花園發起快閃集會，現場人士大呼「香港人罷工」、「香港人加油」、「沒有暴徒、只有暴政」以及「光復香港，時代革命」等口號。
當晚，示威者包圍沙田及馬鞍山警署。

2019 年 8 月 2 日
二級助理勞工事務主任顏武周發起公務員集會，是香港史上首次由公務員發起的反對政府公開集會。

2019 年 8 月 3 日
網民發起「旺角再遊行」，在九龍區「快閃」示威，演變為暴力衝擊，示威者四處縱火，擲汽油彈，超過 20 輛私家車受破壞；兩度堵塞紅隧，沿途破壞，包括超過 20 組交通燈，多處交通短暫癱瘓。尖沙嘴天星碼頭旗桿上的國旗被扯下後拋入海中。尖沙嘴警署門外招牌警徽被黑油噴黑，有暴徒向後門投擲雞蛋，破壞警署內停車場的車輛。防暴警察持盾戒備。九龍城、黃大仙警署報案室一度暫停服務。
晚 10 時許至凌晨 3 時，黃大仙紀律部隊宿舍遭衝擊。

2019 年 8 月 4 日
港島西及將軍澳區皆有遊行。黃大仙、美孚、觀塘、天水圍等警署被包圍。

2019 年 8 月 5 日
民陣發起全港「三罷」及七區集會。早上，示威者以破壞交通工具正常運行方式阻止市民上班，有不少市民及警察及時清理路上的障

礙物。林鄭月娥呼籲其他市民緊守崗位。

由下午至晚上，14 間警署遭暴徒衝擊。

警方於晚上接報北角發生打鬥事件，多名藍衣、白衣人士，持刀、鐵通及木棍與黑衣人打鬥，有人流血受傷。

2019 年 8 月 6 日

由廣東省公安廳部署，深圳市公安局結集 1.2 萬名警力於寶安區濱海廣場練兵。

2019 年 8 月 7 日

國務院港澳辦及香港中聯辦在深圳舉行座談會，時任港澳辦主任張曉明形容，香港正面臨回歸以來最嚴峻局面。

法律界二度舉行黑衣遊行。

2019 年 8 月 9 日

8 月 9 日至 11 日，網民發起「萬人接機」集會。機管局罕有地針對集會時間實施管制。

2019 年 8 月 10 日

大批武警集結深圳灣口岸附近，準備演習。

示威者在多區「快閃式」堵路，沙田、大圍、尖沙嘴等警署先後被包圍。示威者以鐳射筆射向警員，警方則以催淚彈驅散示威者。

2019 年 8 月 11 日

示威者在深水埗快閃佔路遊行。港島東遊行改為維園集會。

在尖沙嘴警署外的衝突中，一名黑衣女子右眼眼球受傷，送醫救治。

2019 年 8 月 12 日

國務院港澳辦稱香港開始出現恐怖主義苗頭，認為打擊必須毫不手軟、毫不留情。

市民在機場發起集會，機管局下午 4 時通知取消下午 3:30 後至第二日凌晨 6 時前的所有航班，至少近 300 班航班取消。

2019 年 8 月 13 日

示威者在機場圍堵毆打並非法禁錮內地《環球時報》記者付國豪，另有一名內地男子也在機場遭示威者圍毆。

2019 年 8 月 14 日

機管局取得法庭臨時禁制令，禁止任何人在指定示威區外示威。

2019 年 8 月 15 日

財政司長陳茂波宣布一系列措施，撐企業（尤其是中小企）、保就業以及減輕市民的生活負擔。

2019 年 8 月 17 日

香港教育專業人員協會發起教師大遊行。

2019 年 8 月 18 日

民陣舉辦維園集會並獲不反對通知書。由於人數眾多，民陣以「流水式集會」形式轉入其他場地。

2019 年 8 月 19 日

網民組成的「G20×攬炒團隊」聯手眾籌，於全球 14 份報章刊登

廣告反對修例。

2019 年 8 月 21 日
有網民發起到元朗西鐵站靜坐以紀念「721 事件」。此後每個月的
21 日，均有示威者到元朗西鐵站舉辦紀念活動。

2019 年 8 月 22 日
有中學生於連登討論區發起「中學生反修例集會」在中環愛丁堡廣
場舉行，強調是純和平集會。
10 間大專院校學生會宣布，由 9 月 2 日起罷課兩個星期。

2019 年 8 月 23 日
會計界發起遊行，要求政府回應五大訴求。
「波羅的海之路」30 周年，網民發起在沿港鐵港島線、荃灣線及觀
塘線築起「香港之路」，組成長達 60 公里的人鏈。

2019 年 8 月 25 日
「荃葵青遊行」爆發衝突，警方首度出動水炮車。晚上一批激進示
威者暴力破壞多間商舖，又有示威者以磚塊、鐵枝等肆意襲擊警務
人員，向警車和警務人員多次投擲汽油彈，數名警員被一群示威者
攻擊，5 名警員受傷。1 名警員向天開槍示警，是 2 個多月來首次發
射實彈。

2019 年 8 月 27 日
有團體以「803 行動」為名義在多份本地報章刊登全版廣告，稱為
反修例運動 6 月至今約 30 宗事件「懸紅緝兇」，籲市民舉報，賞金

由 20 萬至 100 萬元不等。

2019 年 8 月 29 日
公安、武警在深圳聯合防暴演習，出動水炮車驅趕「示威者」，舉起有繁體字警告標語的旗幟。

2019 年 8 月 30 日
警方拘捕泛反對派立法會議員譚文豪、香港眾志秘書長黃之鋒等 8 人，各人罪名不同，分別涉及包圍警察總部、衝擊立法會、上水非法集結、沙田新城市廣場事件。

2019 年 8 月 31 日
警方反對民陣舉行遊行及集會，惟大批示威者自行上街。示威者於港九多區縱火及破壞地鐵站，警方出動水炮車，首次噴射藍色水。一批防暴警察和「速龍小隊」進入太子站月台拘捕示威者，而後被斥無差別襲擊市民，警方重申只是使用「適當武力」制服示威者。有人聲稱若干人被警察毆打致死，是為「831 事件」。

2019 年 9 月 1 日
網民在機場發起「和你飛 2.0」集會，促請政府回應五大訴求。多個港鐵站設施遭破壞，來往機場交通陷於癱瘓狀態。

2019 年 9 月 2 日
開學日，香港學界舉行罷課集會，要求政府回應五大訴求。超過 200 間中學響應。
繼 8 月 5 日「三罷」後，跨界別行業人士舉行罷工集會，宣布罷工

兩日，要求政府回應五大訴求。

2019 年 9 月 4 日

林鄭月娥下午發布電視講話，宣布正式撤回修訂《逃犯條例》，將在 10 月立法會復會時由李家超提出動議撤回《逃犯條例》修訂。

2019 年 9 月 8 日

網民發起「香港人權及民主法案祈禱會」，並於會後遊行前往美國領事館請願，促請美國國會通過《香港人權及民主法案》，集會及遊行均獲警方發出不反對通知書。

2019 年 9 月 10 日

港鐵交代 8 月 31 日太子站事件的經過時序，並公開部分閉路電視截圖。

2019 年 9 月 12 日

有過百人手持國旗、區旗及宣傳單張到中環國際金融中心中庭快閃唱國歌。

2019 年 9 月 14 日

有大批手持國旗、身穿白衫和藍衫的人士前往淘大商場內聚集，聲援 9 月 11 日唱國歌被毆打的李姓老師，有人在商場的高處展示大型國旗，高唱國歌，並不斷高叫反對暴力和支持香港警察等口號。

2019 年 9 月 15 日

早前民陣發起「國際民主日」遊行遭反對，上訴亦被駁回，但下午

仍有大量示威者響應網上號召在港島遊行，其間有人舉起美國旗。
兩輛水炮車到場驅散，暴徒向警方及政總、立法會方向投擲汽油彈。

2019 年 9 月 21 日
何君堯發起「清潔香港運動」，各區均出現大批市民清潔街道。

2019 年 9 月 24 日
網民發起「高唱國歌，香港加油」快閃活動，在金鐘太古廣場超過
百人聚集，唱國歌及《歌唱祖國》等歌曲，有人揮舞國旗、拉起橫額。
活動持續 8 分鐘。

2019 年 9 月 26 日
林鄭月娥在灣仔伊利沙伯體育館，出席首次「社區對話」，近 150
人參與，當中 30 人被抽中發言。

2019 年 10 月 1 日
民陣原定發起遊行未被批准，李卓人、何俊仁、梁國雄、楊森和陳
皓桓以個人名義繼續發起港島遊行，同時屯門、荃灣、灣仔、深水
埗、黃大仙、沙田 6 區亦有示威。暴徒與警方激烈對抗，當日警察
發射 6 發實彈，逾 180 人被捕。其中，一名 18 歲青年在荃灣被一
名警長以實彈射擊，左胸口中槍送院搶救。該名青年其後被控一項
暴動罪及兩項襲警罪。

2019 年 10 月 4 日
林鄭月娥會同行政會議，決定引用《緊急法》訂立《禁蒙面法》，
於翌日零時生效。當天有人發起反緊急法遊行，全港多區爆發示威

衝突，港鐵自反修例風波以來首次全線停駛。

2019 年 10 月 6 日
網民發起「反緊急法遊行」，多區發生堵路及縱火事件，警方以最低武力驅散暴徒。

2019 年 10 月 12 日
網民發起「反緊急法遊行」，其間示威者堵路設路障、破壞油麻地的九龍政府合署和長沙灣政府合署、親建制商戶等，防暴警方則一路推進戒備，雙方未有爆發衝突。

2019 年 10 月 13 日
網民發起 18 區商場「罷鶩」行動，包括繼續罷買美心旗下食肆及其他商戶等。有警員在觀塘站被暴徒以利器從後割頸，頸部流血送院救治。警方即時拘捕兩人。

2019 年 10 月 14 日
中環遮打花園舉行《香港人權與民主法案》集會，聲援美國國會審議該法案。

2019 年 10 月 16 日
美國眾議院通過《香港人權與民主法案》。

2019 年 10 月 18 日
陳同佳去信林鄭月娥，稱會往台灣「自首」。
有網民發起「Lunch Time 五區快閃」行動，於下午 2 時前全部結束。

2019 年 10 月 20 日

民陣原定發起尖沙嘴遊行，遭警方反對後上訴亦被駁回。民陣副召集人陳皓桓、社民連梁國雄等 4 人以個人名義發起遊行。有示威者破壞沿途地鐵站出入口和中資商店，警方出動水炮車驅散，誤中尖沙嘴清真寺。警隊派員到清真寺清潔，翌日到清真寺道歉。

2019 年 10 月 23 日

陳同佳刑滿釋放，並向死者家人道歉。

李家超在立法會宣布正式撤回修例。

2019 年 10 月 29 日

林鄭月娥回應將被中央撤換的傳聞，她指這是別有用心的謠言，並重申中央在過去幾個月都一樣，支持她與政府依法止暴。

2019 年 10 月 31 日

中國共產黨第十九屆四中全會決議表示，堅決維護國家主權、安全、發展利益，絕不容忍任何挑戰一國兩制底線的行為。

香港高等法院晚間頒布有關網絡的臨時禁制令，時間至 11 月 15 日。

2019 年 11 月 2 日

區議會選舉的泛反對派候選人在維園舉行選舉集會。

2019 年 11 月 3 日

網民發起七區遊行，多區出現襲擊和破壞行為。太古城中心外，一對夫婦被人用刀斬傷，太古城西區議員、民主動力召集人趙家賢左耳被咬甩。

2019 年 11 月 5 日

民間團體「保衛香港運動」在香港警察總部舉行「一齊行，撐警察」遊行，支持警察嚴正執法，盡快止暴制亂，活動有千人參與。

2019 年 11 月 6 日

何君堯在屯門啟豐園商場擺街站時遇襲，胸部受傷，現場另有 2 人受傷，全部送院治療。警方拘捕一名涉案男子。

2019 年 11 月 8 日

香港科技大學學生周梓樂逝世，他在 11 月 4 日的將軍澳衝突期間，從停車場墮樓，原因不明。網民隨即發起快閃悼念遊行。

2019 年 11 月 11 日

網民發起「黎明行動」和「大三罷」，早晨 7 時起癱瘓交通，全港交通大混亂。西灣河發生交通警察開槍事件，一共發射 3 實彈，導致 1 人重傷。

一名 57 歲李姓男子在行人天橋上與示威者發生口角，遭黑衣蒙面人潑易燃液體放火焚燒導致四成皮膚二級燒傷。警方列企圖謀殺案處理。

2019 年 11 月 12 日

網民發起「破曉行動」。早上 8 時許，有一批示威者聚集在香港理工大學通往紅磡站的天橋，防暴警在場戒備，並於大學外拘捕多人。香港中文大學被黑衣人佔領多日。有人擅自闖入器材倉庫，並取走一批用於體育運動的弓、箭、標槍等物資。警方首次攻入校園。

2019 年 11 月 13 日

一名 70 歲羅姓老翁被黑衣人的磚擲中頭部，即時倒地。翌日情況惡化不治。

連接新界北的吐露港公路受阻逾 24 小時，黑衣人在中文大學「二號橋」上向公路中行駛的車輛投擲雜物。

中午 12 時後，黑衣人開始聚集理工大學行人天橋，將膠馬、竹枝、磚頭等從天橋投擲到馬路。防暴警到場疏導交通及清場。

2019 年 11 月 14 日

「大三罷」進入第四日，大批示威者發起「曙光行動」。早上 6 時許，理工大學一帶被示威者用磚頭堵路，防暴警察施放催淚彈驅散。傍晚，紅隧九龍入口往香港方向近理工大學位置，示威者霸佔天橋，利用雜物等堵塞馬路，紅隧暫時封閉。

教育局宣布全港學校是日起至 17 日停課。香港理工大學、香港浸會大學、香港恒生大學皆宣布取消本周所有校內課堂。香港中文大學宣布學期即刻結束。

2019 年 11 月 16 日

香港理工大學被黑衣人佔領，黑衣暴徒與警方對峙，多次發生爆炸，警員未有進入校園。

2019 年 11 月 17 日

早上有市民自發清理路障，其間示威者向清理路障的市民投擲磚塊，防暴警察到場，示威者與警方對峙。一名警方傳媒聯絡隊隊員左小腿中箭，箭頭刺入肌肉，送院接受手術；另有一名警員被鋼珠射中頭盔，但未受傷。至深夜，示威者在路面投擲汽油彈，警方施放多

次催淚彈，其後廣播呼籲示威者「投降」。

2019 年 11 月 18 日
清晨 5 時 30 分左右，警方特別戰術小隊攻入理大正門。其後有大量示威者及學生嘗試跳橋、跑公路及走下水道等方法逃出包圍網。立法會議員以及各中學校長與警方達成協議，18 歲以下學生離開後不會遭到逮捕，但是警方保留拘捕權利。
高院裁定特首林鄭月娥引用《緊急法》訂立《禁止蒙面規例》違反《基本法》，警方隨即宣布暫停執行有關法例。
警務處長盧偉聰退休，由副處長鄧炳強接任。

2019 年 11 月 19 日
警方表示在理大及附近拘捕和登記約 1100 人，當中約 800 人「自願離開」，當中近 300 名未成年人。
警務處長鄧炳強到理工大學外的暢運道及漆咸道南視察，未有進入校園範圍。

2019 年 11 月 20 日
美國參議院通過《香港人權與民主法案》。

2019 年 11 月 24 日
區議會選舉，投票率創歷史新高，達 71.2%，逾 294 萬人投票，泛反對派取得 386 席，即八成半席位，建制派議席只有 62 席。

2019 年 11 月 25 日
政府就高等法院對政府引用《緊急法》訂立《禁止蒙面規例》作出

違憲判決提出上訴。

2019 年 11 月 26 日
林鄭月娥見記者，首次表示考慮成立「獨立檢討委員會」。

2019 年 11 月 29 日
香港理工大學解封，警員撤離校園。

2019 年 12 月 10 日
高等法院上訴庭拒絕就《禁止蒙面規例》違憲案批出暫緩執行令，
並宣布 2020 年 1 月 9 日作兩日上訴聆訊。

2019 年 12 月 19 日
警方調查一宗洗黑錢案，拘捕 4 人，指案件和支援示威者的「星火
同盟」基金有關。

2019 年 12 月 25 日
各區有人響應聖誕日「和你 shop」行動，衝突由下午持續至晚上。

2019 年 12 月 31 日
市民在多區發起「除夕夜之路」人鏈行動，有人在太子站外聚集。

2020 年 1 月 1 日
民陣舉行元旦大遊行，原獲警方發出不反對通知書，但遊行在下午
4 時許於灣仔一帶爆發衝突。到 5 時半，警方以示威者偏離原定路
線為由，下令中止遊行及維園集會，並要求遊行隊伍立即解散。

2020 年 3 月 26 日

中西區區議會主席、民主黨區議員鄭麗琼，涉嫌干犯《刑事罪行條例》第九條及第十條，作出「具煽動意圖」的作為罪，遭警方拘捕。

2020 年 4 月 9 日

高等法院上訴庭頒布判詞，裁定引用《緊急法》訂立《禁止蒙面規例》沒有違憲，惟此法例只在「非法集結」及「未經批准集結」的情況下合憲。

2020 年 4 月 18 日

警方拘捕李柱銘、黎智英、吳靄儀等 15 人，控罪涉及 2019 年反修例運動中三場未經批准的遊行，包括 8 月 18 日維園「流水式」集會。

2020 年 4 月 24 日

立法會議員區諾軒在 2019 年 7 月 7 日的九龍區反修例遊行中，用大聲公（擴音喇叭）襲警司高振邦及推撞警員盾牌，兩項襲警罪成，被判 140 小時社會服務令。

2020 年 5 月 15 日

監警會發表《關於 2019 年 6 月起〈逃犯條例〉修訂草案引發的大型公眾活動及相關的警方行動》專題審視報告。

2020 年 5 月 24 日

網民在灣仔、銅鑼灣一帶發起反國安法大遊行。

2020 年 5 月 29 日
全國人大會議以 2878 票贊成、1 票反對、6 票棄權通過訂立「港區國安法」決議草案。

反修例風波統計圖表

反修例風波中大型遊行示威活動列表

日期	事項與活動	主辦方宣布人數	警方宣布人數
2019 年 5 月 10 日	立法會外民陣集會	數千	最高峰 1,250
2019 年 6 月 6 日	法律界遊行	2,500	880
2019 年 6 月 9 日	第一次「反送中」遊行	103 萬	24 萬
2019 年 6 月 14 日	「香港媽媽反送中集氣大會」	6,000	最高峰約 980
2019 年 6 月 16 日	第二次「反送中」遊行	200 萬	33.8 萬
2019 年 6 月 30 日	「撐警隊、護法治、保安寧」民間聲援集會	16.5 萬	5.3 萬
2019 年 7 月 1 日	七一遊行	55 萬	19 萬
2019 年 7 月 6 日	「光復屯門」大遊行	1 萬	1,800
2019 年 7 月 7 日	七七九龍區大遊行	23 萬	5.6 萬
2019 年 7 月 14 日	沙田反修例遊行	11.5 萬	2.8 萬
2019 年 7 月 17 日	銀髮族遊行	9,000	1,500
2019 年 7 月 20 日	建制派守護香港集會	31.6 萬	10.3 萬
2019 年 7 月 21 日	光復西環反送中大遊行	43 萬	13.8 萬
2019 年 7 月 26 日	香港國際機場「和你飛」集會	最高峰 1.5 萬	4,000
2019 年 7 月 27 日	「光復元朗」非法集會	28.8 萬	
2019 年 7 月 28 日	「光復香港 時代革命」非法集會	1.1 萬	
2019 年 8 月 2 日	「公僕仝人・與民同行」公務員集會	4 萬	1.3 萬
2019 年 8 月 3 日	旺角再遊行	12 萬	最高峰 4,200
2019 年 8 月 4 日	港島西大遊行	15 萬	最高峰 2.7 萬

香港顏色密碼

2019 年 8 月 5 日	全港「三罷」及七區集會	逾 15 萬	
2019 年 8 月 7 日	法律界第二次遊行	3,000	700
2019 年 8 月 9 日－14 日	機場「萬人接機」集會	每日高峰時約 1 萬	
2019 年 8 月 17 日	教師大遊行	2.2 萬	8,300
2019 年 8 月 17 日	「光復紅土」紅磡及土瓜灣遊行	逾 1 萬	3500
2019 年 8 月 18 日	「煞停警黑亂港 落實五大訴求」維園流水式集會	170 萬（銅鑼灣、天后及維園人數）	最高峰 12.8 萬（維園內高峰人數）
2019 年 8 月 23 日	會計界遊行	逾 5,000	5,200
2019 年 8 月 31 日	「人大 8.31 落閘五周年」遊行被禁後，網民自發遊行	逾 10 萬	
2019 年 9 月 1 日	機場「和你塞」集會	1,000	
2019 年 9 月 2 日	跨界別罷工集會	逾 4 萬	最高峰 3,700
2019 年 9 月 6 日	「醫護通信，救港救人」專職醫護集會	400	
2019 年 9 月 8 日	香港人權及民主法案大遊行	25 萬	
2019 年 10 月 1 日	國慶日遊行示威	逾 10 萬	
2019 年 10 月 4 日	反緊急法遊行	數千人	
2019 年 10 月 5 日	反《禁蒙面法》遊行	1,000	
2019 年 10 月 12 日	反《禁蒙面法》大遊行	1 萬	
2019 年 10 月 14 日	《香港人權民主法案》集氣大會	13 萬	高峰時 2.52 萬
2019 年 10 月 18 日	「LUNCH TIME 五區快閃」遊行	共 2,000	
2019 年 10 月 20 日	「廢除惡法、獨立調查、重組警隊」遊行	逾 35 萬	

2019 年 11 月 28 日	香港人權民主法案感恩節集會	10 萬	9,600
2019 年 11 月 30 日	「老幼攜手 和你同行」集會	3,500	650
2019 年 12 月 1 日	毋忘初心大遊行	38 萬	1.6 萬
2019 年 12 月 1 日	感謝美國保護香港大遊行	6,000	3,800
2019 年 12 月 8 日	國際人權日遊行	80 萬	18.3 萬
2020 年 1 月 1 日	元旦大遊行	103 萬	6.05 萬
2020 年 1 月 5 日	新春上水遊行	1 萬	2,500
2020 年 5 月 24 日	反國歌法大遊行	逾 1 萬	

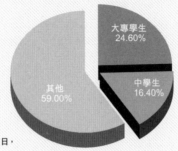

反《逃犯條例》修訂被捕人數學生佔比

大專學生
24.60%

中學生
16.40%

其他
59.00%

數據截至2020年4月15日，
警方共拘捕8,001人。
數據來源：香港警務處

■ 大專學生　■ 中學生　■ 其他

製表時間：2020年6月

大專學生	中學生	其他
24.60%	16.40%	59%

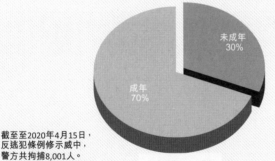

反《逃犯條例》修訂被捕人數未成年佔比

未成年
30%

成年
70%

截至至2020年4月15日，
反逃犯條例修示威中，
警方共拘捕8,001人。
數據來源：香港警務處

■ 未成年　■ 成年

製表時間：2020年6月

未成年	成年
30%	70%

警務處長鄧炳強 2020 年 5 月 5 日出席立法會保安事務委員會，交代去年本港治安情況。反修例示威浪潮，由去年 6 月至今年 4 月 15 日共有 8,001 人被捕，當中 1,365 人已被起訴，556 人被控暴動罪。鄧炳強指，被捕人當中有 3,286 人報稱是學生，佔整體約 41%，未成年被捕人比例上升至 30%。

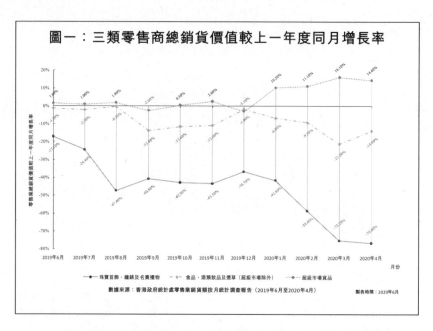

圖一：三類零售商總銷貨價值較上一年度同月增長率

表一：三類零售商總銷貨價值較上一年度同月增長率

月份	珠寶首飾、鐘錶及名貴禮物	食品、酒類飲品及煙草（超級市場除外）	超級市場貨品
2019 年 6 月	-17.10%	-1.30%	1.60%
2019 年 7 月	-24.40%	-2.30%	1.00%
2019 年 8 月	-47.40%	-0.30%	1.90%
2019 年 9 月	-40.80%	-13.80%	-2.60%
2019 年 10 月	-42.90%	-11.60%	0.50%
2019 年 11 月	-43.50%	-11.00%	2.60%
2019 年 12 月	-36.70%	-1.90%	-3.10%
2020 年 1 月	-41.60%	-6.80%	10.20%
2020 年 2 月	-58.60%	-9.30%	11.10%
2020 年 3 月	-75.20%	-21.20%	16.10%
2020 年 4 月	-76.60%	-14.00%	14.40%

數據來源：香港政府統計處零售業銷貨額按月統計調查報告（2019 年 6 月至 2020 年 4 月）

香港顏色密碼

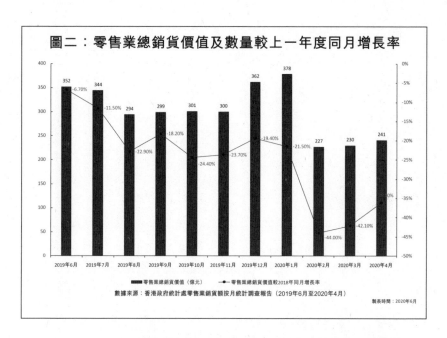

圖二：零售業總銷貨價值及數量較上一年度同月增長率

數據來源：香港政府統計處零售業銷貨額按月統計調查報告（2019年6月至2020年4月）

製表時間：2020年6月

表二：零售業總銷貨價值及數量較上一年度同月增長率

月份	零售業總銷貨價值（億元）	零售業總銷貨價值較2018年同月增長率	零售業總銷貨數量與2018年同月下跌比率
2019 年 6 月	352	-6.70%	-7.60%
2019 年 7 月	344	-11.50%	-13.10%
2019 年 8 月	294	-22.90%	-25.20%
2019 年 9 月	299	-18.20%	-20.40%
2019 年 10 月	301	-24.40%	-26.40%
2019 年 11 月	300	-23.70%	-25.50%
2019 年 12 月	362	-19.40%	-21.00%
2020 年 1 月	378	-21.50%	-23.10%
2020 年 2 月	227	-44.00%	-46.70%
2020 年 3 月	230	-42.10%	-44.00%
2020 年 4 月	241	-36.10%	-37.50%

數據來源：香港政府統計處零售業銷貨額按月統計調查報告（2019 年 6 月至 2020 年 4 月）

香港顏色密碼

作　　　者：雷鼎鳴、陳莊勤、邱立本、盧業樑、屈穎妍、楊志剛、
　　　　　　阮紀宏、周八駿、劉瀾昌、潘麗瓊、何漢權、陳建強、
　　　　　　曹景行、何亮亮、馬恩國、馮煒光、江　迅、黃芷淵、
　　　　　　吳志隆、施嘉雯、唐　研、河　言

責任編輯：陳文威、高山、熙柔

封面設計：iStockphoto／《亞洲週刊》美術部電腦合成

美術設計：百盛達

出　　版：明報出版社有限公司

發　　行：明報出版社有限公司
　　　　　香港柴灣嘉業街 18 號
　　　　　明報工業中心 A 座 15 樓

電　　話：2595 3215

傳　　真：2898 2646

網　　址：https://books.mingpao.com/

電子郵箱：mpp@mingpao.com

版　　次：二〇二〇年七月初版

I S B N：978-988-8687-07-7

承　　印：美雅印刷製本有限公司